LA NOVELISTICA DE
GABRIEL MIRO

YVETTE E. MILLER

LA NOVELISTICA
DE
GABRIEL MIRÓ

EDICIONES Y DISTRIBUCIONES CÓDICE, S. A.
MADRID

© Yvette E. Miller
Ediciones y distribuciones Códice, S. A.
Polígono Industrial Arroyomolinos, núm. 1
Calle D, núm. 12 - Móstoles (Madrid)
Depósito legal: M. 26.421 - 1975
ISBN: 84 - 399 - 3915 - 9
Printed in Spain
Tordesillas, O. G.
Sierra de Monchique, 25 - Madrid-18.

INDICE

VIII

GABRIEL MIRO, RENOVADOR DE LA NOVELA

por Jorge CAMPOS

No es fácil tener una idea correcta de la estimación o fortuna en que hoy se mantiene la obra de Gabriel Miró. Nadie le niega máximas calidades de prosista, de dominador del idioma, pero, sin embargo, se ha extendido una opinión que, junto a los elogios al estilista, le viene regateando condiciones como novelista. Todavía en el vigente y bien equilibrado panorama de Eugenio de Nora se alaba y valora su prosa mientras se condenan sus condiciones de novelista: «La tentativa ilustre y constelada de preciosas islas de cualidad, de aciertos fragmentarios brillantísimos (...) aplicada a la literatura: procedimiento óptimo para la descripción, para la estampa; fatal para la novela.»

Probablemente esta opinión que con variantes de mayor o menor dureza hallamos repetida en otros panoramas y estudios generales, venga caminando desde los juicios de José Ortega y Gasset, que en comentario sugerido por la lectura de *Nuestro Padre San Daniel* y *El obispo leproso* encomió las calidades preciosistas de la prosa de Miró, aunque acusándole de no dar a sus descripciones continuidad ni interés novelesco.

Miró ha sido para la crítica nuestro mayor orfebre de la prosa —recordemos una frase de Nora que resume muchas anteriores, «maravillosas prosas antológicas», o la admirativa exclamación de Azorín, «¡con qué amor pule, acicala y acendra... el idioma castellano!».

En esta consideración general viene a insertarse el

3

interés básico que da vida al trabajo de Yvette E. Miller, que se ha centrado en el estudio de Miró como novelista, su técnica narrativa, aspecto como hemos visto sobre el que se ha llamado menos la atención que sobre sus cualidades poéticas o descriptivas.

Yvette Miller también se ha situado en un punto de enfoque que la capacita para arrojar una luz nueva sobre Miró, idea al alcance de la mano, pero que anteriores estudiosos del tema habían orillado. Me estoy refiriendo a la consideración hecha hasta el presente, es decir, a la aplicación a la obra mironiana de un patrón preceptivo procedente de los cánones propios de la novela realista. Se ha pedido a las narraciones de Miró que respondieran a las formas y a las estructuras galdosianas, por acudir a sólo un nombre que nos releva de más explicaciones y cuando se veía que la novela mironiana excedía en riqueza descriptiva, en enumeraciones sensoriales, en metáforas, sólo se ha pensado que en el molde propio de la novela se habían acumulado ingredientes que pertenecían a otros géneros o a otros terrenos de la estética. No se advertía que Gabriel Miró, con su amorosa recogida de cuanto le ofrecía la vida en torno, sin lagunas ni exclusiones, estaba actuando sobre el género novela, un género que ya por el mundo se ahilaba con la detenida rememoración del tiempo perdido, en Proust, o trastornaba la cotidianidad de un vulgar Ulises de nuestros días ampliando y desarticulando el tiempo de una de sus jornadas.

Nos lo dice Yvette E. Miller con precisa claridad en la introducción a su estudio: «en un lenguaje altamente poético, reforzado por intrépidas imágenes, abandona los principios de la novelística tradicional, restando énfasis a la trama y al tratamiento convencional de la secuencia cronológica, creando así una novela nueva y sugerente». Entre paréntesis, digamos que esta actitud no es un fenómeno aislado, sino que le relaciona con Ramón Gómez de la Serna, con Ramón Pérez de Ayala e incluso podría considerársele en cabeza de toda una actitud que va a tomar la narrativa en los años veinte, desentendiéndose del tema para detenerse y regodearse en la forma. Lo que no quiere decir que Miró sea un maestro de escuelas jóvenes, sino un hito en la dirección que vemos tomar a la narrativa.

Creo que no hay que abandonar este enfoque de Yvette

4

E. Miller para entender tanto las direcciones que hace tomar a su tesis como la novelística de Miró. Coincide en aquellas con un concepto de A. A. Parker útil también para sintetizar en estas palabras introductorias las características generales y el pensamiento básico de este nuevo estudio sobre Miró: «Miró es ante todo un gran novelista, y si tiene un estilo que puede llamarse "poético", es porque así lo exige su arte de novelista.»

Aquí entra la labor de Yvette E. Miller. Convencida de que Gabriel Miró no es un novelista frustrado por exceso de imágenes o por no haber sabido separar la exigencia narrativa de la sugestión poética, le estudia como tal novelista; es su novelística el objeto de su trabajo. Para ello ha elegido dos de sus obras más representativas —de hecho una sola partida en dos—: *Nuestro Padre San Daniel* y *El obispo leproso*. Novelas que todos los comentaristas y críticos coinciden en señalar como su más alto logro. «Máxima creación novelesca» de Gabriel Miró, en juicio de Eugenio de Nora. Obra ya de la madurez total del escritor, expresiva no sólo de su estilo, sino de su concepto del arte de narrar.

El resultado del riguroso análisis que hace Yvette E. Miller establece la preferencia de Miró por una técnica elíptica, consciente, de acuerdo con ese concepto de la novela a que antes se ha aludido, técnica que produce su presentación de la realidad y que actúa igualmente sobre la cronología de los hechos, motivo más para considerar a Miró renovador de la novela antes que torpe acumulador de elementos poéticos en ella.

Ningún resumen mejor que la síntesis de la propia autora al establecer los pasos que la conducen al entendimiento de la técnica de Miró y como consecuencia a la esencia de su novelar: el lenguaje poético y la técnica insinuante anteriormente citados, se desmenuzan en el análisis del elemento temporal, la relación de causa-efecto, la caracterización, la ironía, demostrando la coordinación entre la idea general y el perfeccionamiento de un lenguaje. Todo es coherente, «la elipsis está patente en el tratamiento del punto de vista, así como en los aspectos sintácticos y metafóricos del lenguaje: en la presentación no lineal de la cronología de sucesos, en el aparente truncamiento de la acción, en el tono irónico general de las novelas y en la técnica de la caracterización».

Porque lo que no hay que perder de vista —y se ha perdido más de una vez— es que en *Nuestro Padre San Daniel* y *El obispo leproso* no hay sólo una delectada exposición de gentes, tejados, frutos, callejuelas, rincones recoletos, salas sombrías, sino la vida de un pueblo en un momento preciso del vivir español. «Esperamos sacar a Miró del círculo de los esteticistas, donde desafortundamente ha residido hasta ahora», dice Yvette E. Miller. Y a esta conclusión se acerca merced al mismo procedimiento analítico que sigue durante todo su estudio: su forma elíptica de concebir la novela permite a Miró condensar tipos y ambientes, y hasta darnos así su mensaje, nacido de esa cerrada vida provinciana, que no nos explica, pero de la que nos da los elementos sustanciales para que llegue completa hasta nosotros.

En un artículo allá por 1930 se preguntaba Azorín: ¿No le parece al lector que podemos acercar a Miró un poco más a nosotros? Yvette E. Miller al llevar a cabo este riguroso análisis de la técnica narrativa del gran prosista ha contribuido a que se realice este deseo.

Jorge Campos.

6

Deseo expresar mi agradecimiento muy especialmente al profesor Rodolfo Cardona, que con gran dedicación analizó detenidamente el manuscrito original en inglés, ofreciéndome una valiosa ayuda en la preparación de este libro.

Mi recuerdo agradecido a la memoria de la señora Olympia Miró de Luengo, que amablemente me brindó su hospitalidad y me facilitó acceso a la biblioteca particular de su padre, Gabriel Miró, proporcionándome al mismo tiempo importantes datos informativos acerca de la biografía del autor, así como a su hija Olympia Luengo de Pallarés.

Asimismo agradezco a los profesores Angel González, Julio Matas y Walter Albert por su eficaz examen crítico del manuscrito.

A los críticos y profesores Dámaso Alonso, Alexander A. Parker y Jean Paris mi sincera gratitud por sus palabras de estímulo en la publicación de este libro.

A la memoria de Edna Daransky, que se encargó de la mecanografía del manuscrito original, mi reconocimiento por su abnegada y meticulosa labor.

A mi esposo e hijos, que con su paciente colaboración hicieron posible la consecución de este proyecto, dedico mi libro.

Pittsburgh, mayo de 1974.

INTRODUCCION

La intención de este estudio es examinar la técnica narrativa de Gabriel Miró, ya que este aspecto de sus obras a menudo ha sido ignorado o ha recibido un lugar secundario tras la atención prestada a las facetas líricas y metafóricas. Prevalece la idea de que Miró es, tal vez, un poeta más que un novelista, o en todo caso, una mezcla de los dos. Jorge Guillén le llama «el novelista poeta»[1], y dedicó a Miró su primer volumen de poemas, *Cántico*, con estas palabras: «El único gran poeta que no quiere serlo».[2] Es indiscutible que el arte de Miró es nuevo y que reacciona contra las tradicionales formas de la novela. En un lenguaje altamente poético, reforzado por intrépidas imágenes, abandona los principios de la novelística tradicional, restando énfasis a la trama y al tratamiento convencional de la secuencia cronológica, creando así una novela nueva y sugerente. Esta actitud renovadora le une a la «Generación del 98»; sin embargo, su situación con respecto a dicho grupo es discutida por los críticos.[3] Existen los que, como Rafael Bosch, toman una postura ecléctica: «Es muy discutible si Miró pertenece a la "generación" del 98 o a la del 14, que le sigue, porque, en realidad, está a caballo entre las dos. Su producción es tardía, lo que le asemeja en ciertos

---

[1] *Lenguaje y poesía* (Cambridge, Massachusetts, 1961), pp. 182, 184.
[2] Madrid, 1928.
[3] Carlos Sánchez Gimeno, *Gabriel Miró y su obra* (Valencia, 1960), páginas 13-18.

rasgos a los más jóvenes (miembros de la "generación" del 14), pero tiene demasiados vínculos con los noventaochistas para separarle de ellos».[4]

Miró es un escritor difícil; ésta es una de las razones por las que ha sido olvidado y privado del sitio que merece entre los hombres de letras. En una conferencia sobre «El arte de Gabriel Miró», el profesor A. A. Parker ha dicho:

> Todo el mundo reconoce el valor de su estilo, pero al reconocerlo le suele negar los demás..., falta un libro sobre él que estudie sus novelas como novelas, cada una separadamente.
>
> Hay que decirse también que la falta relativa de interés por Miró se debe en parte al hecho de ser un autor difícil. Pero también lo son Góngora, Quevedo y Calderón. La dificultad, claro está, no constituye un criterio de valoración crítica. Si Miró es difícil, no hay que arrinconarlo por eso; hay que preguntar por qué lo es. ¿Es que persigue la dificultad porque quiere ser esotérico y exquisito, o es que la dificultad es inherente a su arte, como en el de Góngora, por contener este arte profundidades de sensibilidad e inteligencia que es imposible expresar en un estilo llano?
>
> La dificultad de Miró estriba en su lenguaje. Los críticos que no hacen caso de él dirían, supongo, que su lenguaje es poético y que en esto estriba el valor de su obra. Yo sostengo que lo poético de una prosa es un valor relativo; debe ser un medio y no un fin. Si la prosa poética no se relaciona orgánicamente con un fin artístico que va más allá de la estilística, entonces no sería más que un oropel. En fin..., voy a tratar de demostrar que Miró es ante todo un gran novelista, y que si tiene un estilo que puede llamarse «poético», es porque así lo exige su arte de novelista.[5]

Para demostrar cómo las cualidades de la prosa de Miró funcionan novelísticamente, hemos escogido dos de sus novelas más representativas, *Nuestro Padre San Daniel* y *El obispo leproso*, la última, continuación de la primera, aunque escrita después de un lapso de cinco años. (Por esta razón, a veces, en este análisis nos referimos a ambas novelas como «la novela».) Es aceptado

---

[4] *La novela española del siglo XX.* (New York, 1970) p. 24.

[5] El Profesor Parker me ha proporcionado amablemente el manuscrito de su conferencia.

comúnmente por los críticos que el arte de Miró llega a su cima en *Nuestro Padre San Daniel* y *El obispo leproso*. Han expresado esta opinión, entre otros, Jorge Guillén, Ricardo Gullón, Jacqueline van Praag-Chantraine y Francisco Meregalli.[6] El mismo Miró dice: «Creo que en *El obispo leproso* se afirma más mi concepto sobre la novela: decir las cosas por insinuación. No es menester —estéticamente— agotar los episodios»[7]. Esta declaración implica una técnica especial y nos proponemos estudiarla y clarificarla en este trabajo. Ciertamente Miró llega a la realidad por un proceso doble de lenguaje poético y de técnica insinuante, por la que el lector debe estar alerta para completar lo que el autor ha dejado por decir. Estudiaremos la estructura, la técnica narrativa, el elemento temporal, la relación de causa-efecto, la caracterización, la ironía de las novelas, intentando dilucidar el uso de la elipsis en los componentes narrativos como el «eje» de la técnica de insinuación de Miró. Intentaremos demostrar que la elipsis está

---

[6] Jorge Guillén dice: «*Nuestro Padre San Daniel* (1921) y *El obispo leproso* (1926) marcan la culminación de su madurez. Lástima, crueldad, sensualidad, devoción, amor, odio, motivan y agitan, elevan y destruyen esta muchedumbre de caballeros, hombres de iglesia y ciudadanos bajo un sol y una luna universales; especialmente bajo un sol» (*Lenguaje y poesía*, p. 194). Gullón escribe: «No me atrevo a decir que *Nuestro Padre San Daniel* y *El obispo leproso* sean la mejor novela de Miró; sí cabe sostener que son la más densa. Ortega y Gasset dedicó al *Obispo* un artículo severo. En él quedaron señalados defectos ciertos y excelencias innegables. Pero falta todavía —y aquí no pretendí sino señalar tres o cuatro puntos de arranque para ulteriores trabajos— un estudio cabal sobre dos libros que figuran entre los más bellos de cuantos se publicaron en la primera mitad del siglo.» (*La invención del noventa y ocho y otros ensayos*, Madrid, 1969, p. 125). Jacqueline van Praag-Chantraine comenta sobre estas dos novelas: «La France attend toujours la traduction intégrale de ces deux maître-livres» (*Gabriel Miró ou le Visage du Levant, Terre d'Espagne*, París, 1959, p. 242). Francisco Meregalli afirma: «Nuestro Padre San Daniel..... e El obispo leproso..... che constituiscono un unica opera, la più e la più celebre di Gabriel Miró. Si noti: l'opera si dirige essenzialmente al mondo umano, che è mondo di angosce, di lotte di rinunce. La serenità della natura è presente, e suggerisce, come è ormai prevedibile da parte di chi giunge a questi romanzi dalla lettura delle opere precedenti dell'autore, alcune tra le pagine più belle; ma è nello sfondo, come sentimento di chi ne ascolta il richiamo» (*Parole nel Tempo: Studi su Scrittori Spagnoli de Novecente*, Milano, 1969, p. 153).

[7] *Obras completas*, ed. Conmemorativa, «Amigos de Gabriel Miró» (Barcelona, 1932-49) I, p. x.

patente en el tratamiento del punto de vista, así como en los aspectos sintácticos y metafóricos del lenguaje: en la presentación no lineal de la cronología de sucesos, en el aparente truncamiento de la acción, en el tono irónico general de las novelas y en la técnica de la caracterización. Nuestro estudio estará dividido en seis capítulos: I. Estructura y Marco en *Nuestro Padre San Daniel* y *El obispo leproso*, II. Técnica Narrativa, III. Elemento Temporal y Cronología Elíptica, IV. Acción Elíptica, V. Caracterización, VI. Ironía y Humor.

Creemos que la elección de las novelas para este análisis está justificada. Aparecieron al final de la producción del novelista, hecho que debe determinar una madurez en el estilo. La primera novela de Miró, *La mujer de Ojeda*, fue publicada en 1901; escrita en forma epistolar, su patrón era la novela *Pepita Jiménez*, de Valera. Posteriormente él repudió esta primera novela excluyéndola de la lista de *Obras Completas* en 1926. El diestro estilo mironiano aparece ya en *Del vivir* (1904), seguida por *La novela de mi amigo* y *Nómada* (1908); *La palma rota* (1909); *Las cerezas del cementerio* (1910); *Los amigos, los amantes y la muerte* y *El abuelo del Rey* (1915); *Figuras de la Pasión del Señor*, Vol. I, y *Dentro del cercado* (1916); *Figuras de la Pasión del Señor*, Vol. II, y *Libro de Sigüenza* (1917); *El humo dormido* (1919); *El ángel, el molino, el caracol del faro* y *Nuestro Padre San Daniel* (1921); *Niño y grande* (1922); *El obispo leproso* (1926) y *Años y leguas* (1928).

El marco espacial de *Nuestro Padre San Daniel* y *El obispo leproso* es la ciudad de Orihuela, cerca de Alicante, la ciudad de Gabriel Miró, donde nació en 1879.[8] Cuando tenía ocho años fue enviado interno al colegio de Santo Domingo, de Orihuela, que pertenecía a los jesuítas, y donde estuvo cinco años; este colegio es el «Jesús» de las dos novelas. La rigurosa disciplina jesuítica dejó una señal duradera en su naturaleza profundamente sensible. Esta experiencia le proveyó de inspiración para las páginas irónicas y burlescas dedicadas a los jesuítas en *Nuestro Padre San Daniel* y *El obispo leproso* y en otras novelas, que le hicieron acreedor de la hostilidad de esta orden religiosa. Los jesuítas se vengaron con una campaña que contribuyó a que fuese

---

[8] Miró murió en Madrid en 1930.

14

rechazada la candidatura de Miró a la Real Academia en 1927.[9]

Habiendo sido *Nuestro Padre San Daniel* y *El obispo leproso* aceptadas como obras de arte por los críticos, es curioso leer la crítica que Ortega y Gasset hace a *El obispo leproso* en declaraciones tales como ésta: «*El obispo leproso* no queda avecindada entre las buenas novelas.» Critica la perfección fragmentaria de la novela y su lentitud, lo que él llama «perfección estática y paralítica» y especifica que: «La dignidad, el rango estético de la novela, estriba en ser un género; por tanto, en poseer una estructura dada, rigurosa e inquebrantable».[10] Los propios escritos teóricos de Ortega sobre novelística nos llevarían a creer que las novelas de Miró, y particularmente *Nuestro Padre San Daniel* y *El obispo leproso*, se adaptan perfectamente a su concepto de lo que constituye una buena novela. En «Ideas sobre la novela», Ortega anota:

> La acción o trama no es la sustancia de la novela, sino, al contrario, su armazón exterior, su mero soporte mecánico. La esencia de lo novelesco —adviértase que me refiero tan sólo a la novela moderna— no está en lo que pasa, sino precisamente en lo que no es «pasar algo», en el puro vivir en el ser y el estar de los personajes, sobre todo en su conjunto o ambiente.... La táctica del autor ha de consistir en aislar al lector de su horizonte hermético e imaginario que es el ámbito interior de la novela. En una palabra, tiene que *apueblarlo*, lograr que se interese por aquella gente que le presenta, la cual, aun cuando fuese la más admirable, no podría colidir con los seres de carne y hueso que rodean al lector y solicitan constantemente su interés.[11]

¿Qué palabras podrían definir mejor la novela provinciana *El obispo leproso*, donde nada ocurre y donde el ambiente de Oleza domina todo el cuadro novelístico, confinando al lector al hermético horizonte de Oleza y su gente? [12]

[9] Esta información fue proporcionada por la hija del autor, señora Olympia Miró de Luego, quien me leyó extractos de vitriólicos artículos inspirados por los jesuitas, que aparecieron en la prensa.

[10] *Obras completas*, tomo III (1917-1928), 5ª ed. (Madrid, 1962), páginas 544-545.

[11] Ortega y Gasset, pp. 407-409.

[12] La defensa de Miró frente al ataque de Ortega se ha hecho nece-

Iluminando el arte narrativo de Gabriel Miró en dos de sus obras maestras, esperamos ayudar a reivindicar a Miró como novelista y sacarle del círculo de los esteticistas, donde desafortunadamente ha residido hasta ahora.

saria, ya que la figura de Ortega dominó el panorama literario y crítico de los primeros años del siglo XX.

I. ESTRUCTURA Y MARCO ESPACIAL EN «NUESTRO PADRE SAN DANIEL» Y «EL OBISPO LEPROSO»

El marco espacial de las dos novelas en estudio es la ciudad de Oleza, nombre ficticio de Orihuela. Debido a que Miró utilizó datos reales de la ciudad, refiriéndose a su historia, a sus industrias y costumbres, es necesario que aquí demos un resumen de estas fuentes.

Orihuela es Sede Episcopal, una ciudad en la zona del Levante español en la provincia de Alicante, situada a unos 20 kilómetros al noroeste de Murcia y a unos 23 del mar Mediterráneo, en la línea de ferrocarril Murcia-Elche.[1]

Está situada en una huerta sumamente fértil. El río Segura es frontera natural que divide los dos barrios de la ciudad, Roig y San Augusto, y lo cruzan dos puentes. Las crónicas hablan de una inundación en 1651, que podría ser la misma que menciona Miró y que ocurre en *Nuestro Padre San Daniel* en 1645.[2]

La universidad de Orihuela, fundada en 1568 por el Arzobispo de Valencia, fue clausurada en 1835. Desde entonces ocupa el mismo lugar el colegio de Santo Domingo, que regentan los jesuítas. Este colegio es conocido como *Jesús* en las novelas de Miró.

Orihuela es principalmente una ciudad agrícola. Pro-

---

[1] El censo de 1950 registra una población de 45.116 habitantes.

[2] Gabriel Miró, «Nuestro Padre San Daniel», *Obras Completas*, ed. Biblioteca Nueva, 4ª edición (Madrid, 1961), p. 782. Las referencias posteriores a esta edición aparecerán en el texto como *NP* u *OL* y el número de la página.

17

duce fruta, cereales, aceite y vino. Las industrias son de curtidos, tinte y sedería, elaboración del lino y la lana, del cuero y el almidón.

Una guía reciente de la ciudad señala catorce iglesias y conventos. Entre ellas tenemos la Iglesia de las Salesas y el Monasterio de la Visitación, que son referencias importantes en las novelas que analizamos. Varias esculturas de Salzillo (escultor del Angel en *El obispo leproso*) se encuentran en estas iglesias.

El palacio episcopal (marco escénico preeminente en *El obispo leproso*) y el seminario, construcciones del siglo XVIII, son puntos claves de la ciudad. El seminario está situado en lo alto de una de las colinas en cuya ladera está construida la ciudad, mirando hacia la huerta, hacia el mar y hacia la vecina ciudad de Murcia, y fue descrito por Isabel II como el mejor balcón de Europa. Sólo se puede alcanzar por medio de un glacis estrecho, pronunciado y bien protegido. Desde la terraza que hay delante del seminario el visitante puede contemplar las inmensas torres y campanarios de las iglesias que dominan la ciudad.[3] Confirman a las mil maravillas la descripción de Oleza de Miró, donde «Toda la juventud iba afeitada y con alzacuello y pecherín negro de seminarista: ...Oleza criaba capellanes, como Altea marinos y Jijona turroneros.» (*NP*, p. 791)

Los conventos todavía se especializan en los dulces mencionados por Miró. Una delicia exclusiva son las pastas preparadas por las clarisas. El visitante bien informado puede obtener estas pastas en el convento. Debido a que las monjas viven enclaustradas no pueden ser vistas, y el comprador en perspectiva se coloca frente al torno, una plataforma giratoria, ante el cual debe salmodiar la jaculatoria «Ave María Purísima». Cuando oye la respuesta declara la cuantía de su compra y coloca el importe debido en la plataforma, que gira entonces y reaparece con las pastas y el cambio.[4]

Los dos santos patrones de la ciudad son Nuestro Padre Jesús y Nuestra Señora de Monserrate, que en las novelas de Miró son Nuestro Padre San Daniel y Nues-

---

[3] He visitado la ciudad y el paisaje mironiano y he podido verificar la soberbia vista desde el seminario.

[4] Tuve la fortuna de experimentarlo: probar esta exquisitez y, al mismo tiempo, embeberme del amiente general de la escena.

tra Señora del Molinar. Según la tradición de la ciudad, en 1306 la efigie de la patrona se apareció milagrosamente en una gruta, siendo su presencia anunciada por el repicar de una campana. Sobre este lugar se construyeron la iglesia actual y el santuario, conservándose la gruta y la campana que cobijaron la efigie. La patrona posee un magnífico tesoro, consistente en joyas y objetos litúrgicos, muchos de ellos donados por devotos ciudadanos; el resto, adquirido con el fondo de las colectas hechas entre sus feligreses.

Miró basó la historia de la Patrona de Nuestro Padre San Daniel en la tradición popular, cambiando algunos hechos. En la novela es un molinero sordo quien oye el tañer de las campanas. Unica persona que puede percibir el sonido, lo sigue y, en cierto lugar, comienza a cavar. Se descubre la efigie y ocurre ser ligera como una pluma en el punto de su descubrimiento; pero cuando se intenta mudarla, pesa toneladas. La gente de la ciudad declara entonces que la efigie ha sido esculpida por ángeles. Se construye un santuario en el lugar donde la Virgen fue encontrada. Cuando los campos alrededor del santuario son proclamados fuente milagrosa de maternidad, se desarrolla una industria de cerámica: si las mujeres estériles beben en sus cántaros y jarros se vuelven fértiles.[5]

Cronológicamente la acción de las novelas transcurre durante el último cuarto del siglo XIX. Comienza durante la guerra carlista de los años 1870 y siguientes y cubre un período de dos décadas. No se encuentran fechas precisas en el texto, pero la guerra carlista es punto claro de referencia. Hay también alusiones al Papa León XIII, cabeza de la Iglesia en el tiempo del relato. (*NP*, p. 887; *OL*, p. 1020) León XIII fue Papa desde 1878 a 1903. Sólo un dato cronológico aparece y es explícito en un comentario del narrador: «El chocolate de casa rica del siglo diecinueve.» (*OL*, p. 941)

Para un observador objetivo, las fuentes apenas parecen poéticamente inspiradoras: una pequeña ciudad en la zona del Levante español rebosante de iglesias, conventos, curas y seminaristas y enmarcada en el pau-

---

[5] Deseo hacer hincapié en que he mencionado tan sólo la información ambiental de la ciudad que es pertinente a las novelas, dejando fuera todos los elementos extraños a los libros.

sado ritmo de los últimos años del siglo diecinueve. Sin embargo, para Miró, observador poético, la realidad se metamorfosea tan pronto como la percibe, y en su visión la poiesis reemplaza a la mimesis. Es interesante leer la descripción de Orihuela que hace Azorín para comparar a los dos escritores levantinos:

> Van y vienen por las calles clérigos con el manteo recogido en la espalda, frailes, monjas, mandaderos de conventos con pequeños cajones y cestas, mozos vestidos de negro y afeitados, niños con el traje galoneado de oro, niñas, de dos en dos, con uniformes vestidos azules. Hay una diminuta catedral, una microscópica obispalía, vetustos caserones con la portalada redonda y zaguanes sombríos, conventos de monjas, conventos de frailes. A la entrada de la ciudad, lindando con la huerta, los jesuítas anidan en un palacio plateresco; arriba, en lo alto del monte, dominando el poblado, el Seminario muestra su inmensa mole. El río corre rumoroso, de escalón en escalón, entre dos ringlas de viejas casas; las calles son estrechas, sórdidas; un olor de humedad y cocina se exhala de los porches oscuros; tocan las campanas a las novenas; entran y salen en las iglesias mujeres con mantillas negras, hombres que remueven en el bolsillo los rosarios.[6]

La visión realista de la ciudad de Azorín ofrece un contraste con la visión poética de Oleza presentada por Miró.

Orihuela-Oleza, en su papel doble de escenario y protagonista, es introducida por Miró en la primera página de *Nuestro Padre San Daniel:* «... Oleza, brasero y archivo del carlismo de la comarca, ciudad insigne por sus cáñamos, ... por la cría de los capullos de la seda y la industria terciopelista, por el número de los monasterios y la excelencia de sus confituras. De la abundancia de sus árboles y de sus generosas oleadas procede el nombre de Oleza.....» (*NP*, p. 781)

Con ligeras variaciones, el leitmotif se repite en *El obispo leproso:* «De la antigüedad de sus olivos y de sus generosas oleadas recibe nombre Oleza; de una de las oliveras está labrada la imagen de Nuestro Padre San Daniel, y en la raíz del árbol cortado brota milagro-

---

[6] Azorín, *Obras completas*, I (Madrid, 1959), pp. 1093-94. Comparación resaltada también por Jacqueline Van Praag-Chantraine en *Gabriel Miró ou le Visage du Levant, Terre d'Espagne* (París, 1959), página 383.

samente un lauredo. Tierra de veneraciones y prodigios.» (*OL*, p. 1021)

Oleza y su gente son contempladas como un microcosmos donde el misticismo y la sensualidad adquieren su combinación última. Con un fondo de iglesias, conventos, apariciones y curas fanáticos, los personajes representan su lucha entre sus inclinaciones naturales y las represiones impuestas, tanto religiosas como sociales. La atmósfera de Oleza, densa por el aroma de los azahares, se hace aún más densa con el aliento de su gente oprimida. La fragancia afrodisíaca de su flora ha sentenciado a la ciudad, que es vista por algunos de sus habitantes como una ciudad bíblica merecedora del castigo de Dios y de la purificación por el fuego. Elvira dice de la condesa Lóriz: «Vive en Oleza, y no porque esté harta de viajes y de mundo, sino por sensualidad, porque quiso el goce de recién casada en estos huertos, con este olor de acacias, de naranjos, que es un olor de perdición.» (*NP*, p. 901) La viuda Doña Corazón «seguía viendo su Oleza desnuda y ardiente como una ciudad bíblica, merecedora de las iras del Señor.» (*NP*, p. 870) El jesuíta director espiritual de la Hermandad de los Luises predica: «Es la hora evangélica de decir al Maestro: ¡Baje fuego y consuma Samaria!» (*OL*, p. 1021) Repite esta intimidación cuando la orden jesuítica es amenazada con la retirada del favor obispal. (*OL*, p. 1021) La Madre Superiora de la Visitación resume una creencia popular sobre la enfermedad del Obispo: «¿Y es lepra, lepra de verdad, la que aflige a su ilustrísima? ¡Y dicen que por los pecados de la diócesis!» [7] (*OL*, p. 1018) Don Amancio, editor del diario de Oleza, escribe: «Siéntate en el polvo, nueva sierva de Babilonia.» (*NP*, p. 804) La inundación se considera un castigo: «Era un castigo: el castigo de Oleza... Les llegaba tarde, pero les llegaba la sacudida de fuego.....» (*NP*, p. 892)

La misma fragancia que condena a la ciudad, mezclada con los aromas de los ritos litúrgicos, muestra la inevitable dualidad del ambiente olezano: «.....Con su olor de naranjos, de nardos, de jazmineros, de magnolios, de acacias, de árbol del paraíso. Olores de vestimentas, de ropas finísimas de altares... Olor de panal de los cirios encendidos; olor de cera resudada de los

---

[7] Esta declaración une el marco escénico y la figura del Obispo.

viejos exvotos. Olor tibio de tahona y de pastelerías. Dulces santificados, delicia del paladar y del beso; el dulce como rito prolongado de las fiestas de piedad.» (*OL*, p. 915) La fusión de ambos elementos aparece de manera magistral en el equilibrio de la expresión: cada componente igualmente bien representado, y ambos fusionados al final. La fragancia proviene de los brotes de las flores y de los hábitos religiosos. Las velas huelen a panal y a la vieja cera de los exvotos. El olor de las confituras está santificado, porque las confituras proceden de manos religiosas.

La predominante sensualidad mística de Oleza se demuestra en los ritos litúrgicos de la Semana Santa y del Corpus Christi. El Viernes Santo trae consigo toda la pompa de las procesiones paganas: timbaleros con capirotes verdes, tocadores de pífano con vestiduras malva, penitentes y cruces de diversas parroquias, sables, lanzas y tricornios. El pueblo se precipita para encontrar lugar y posiciones ventajosas, mientras que la *élite* social de la ciudad aparece en los balcones rodeada de invitados y criados. Es un verdadero festejo para la vista. Los pasos, un muestrario de ricos paños, metales preciosos, pedrería semipreciosa y flores, siguen normalmente a la vanguardia de la procesión. El paso de la samaritana es:

> Una niña de luces, un pozo de brocal de oro, de rosas y lirios. Jesús sentado en una piedra de madera, desbordándole la túnica de brescadillo, con la cabeza hacia atrás, en medio de un sol de plata, dobla sus dedos pulidos, señalándose la fuente de aguas vivas que salta de su corazón. La mujer de Sicken le sonríe, mostrándole el cántaro que tiene en la dulce curva de su cadera. Sus vestiduras pesan tres mil libras de capullo-almendra, del que se hila la seda joyante, escaldada por devotos terciopelistas de la comarca que trabajan cantando: «¡Oh María, Madre mía; oh consuelo celestial!..... (*OL*, p. 977)

El paso de la Ultima Cena se acompaña con un penoso rumor de correas, de crujir de maderas, tales y como las de un yugo; de pies hinchados y cuerpos tensos. Es transportado por veinte campesinos con brillantes túnicas rojas. Los doce apóstoles van sentados en sillas Luis xv, y el Señor se sienta un poco más alto. Todos miran fijamente y unánimemente aturdidos como si fueran ciegos. Judas, las manos crispadas sobre su rostro, siniestro, pelirrojo y sin aureola; la pequeña cabeza de una serpiente aparece bajo una de sus sandalias. Vasos, candeleros, jarras, pescado, pollo, un cordero asado, frutas y verduras componen la mesa. (*OL*, p. 978)

Durante el ritual, la rara oportunidad de mezclarse con el sexo opuesto se suma a la excitación de los sentidos. Todos parecen flotar en una enrarecida atmósfera de hiperestesia. Se perciben miradas, comunicando cariñosos contactos a distancia: «Pablo sintió una delicia primaveral, como si floreciese de felicidad todo su cuerpo. Estaba mirándole Purita. No pudo él apartar sus ojos, y ella se los tomó en el regazo de los suyos, meciéndolos, llevándoselos. Tan poseída fue la mirada, que les pareció durar muchas horas.» (*OL*, p. 978)

El Corpus Cristi llega más tarde, como un fruto tardío del árbol litúrgico. La ciudad se engalana con mantones, toldos y altares colocados bajo tabernáculos de verde follaje para la procesión eucarística. Oleza da entonces la impresión de una devoción inocente y rural. Aun así, la ciudad está presente en el alboroto y bullicio de las diligencias que pasan, los tílburis, carretones y faetones, que se mezclan con los gritos de los vendedores callejeros vociferando almendrucos, albahaca y rosas, quesos, ancas de ranas desolladas y otros manjares deliciosos. (*OL*, p. 997)

La rutina diaria de Oleza, ciudad de conventos y curas, se centra alrededor de las devociones católicas. El tiempo lo señala el doblar de los campanarios, que también determinan la duración de las reuniones sociales: «Fueron persignándose porque las torres de Oleza tañían a las ánimas. Y acabó la tertulia.» (*NP*, p. 877)

Los poderosos jesuítas dominan la ciudad a través de su colegio: «El colegio se infundía en toda la ciudad. La ciudad equivalía a un patio de Jesús, un patio sin clausura, y los padres y hermanos lo cruzaban como si no saliesen de casa.» (*OL*, p. 920).

Bajo esta tiranía, Oleza se hunde en un aburrimiento letárgico. Oleza es como un gran bostezo. Las únicas diversiones son aquellas aprobadas por la comunidad del penitenciario, el cura Don Cruz. Las actividades sociales consisten en las procesiones de Semana Santa, las reuniones de las hermandades, las tertulias de las damas, las tertulias de los hombres, las tertulias del archivo y

23

las obras de teatro navideñas en el colegio de los jesuitas. Allí hombres y mujeres deben sentarse por separado, tanto padres como alumnos, al igual que en las iglesias primitivas, bajo la vigilancia de un hermano que se desliza por el pasillo central como el inspector de una brigada especial.

El único solaz se proporciona en Navidad con las obras de teatro presentadas en la tienda de Gil de Rebolledo, el pastelero, cuando hombre y mujer pueden acercarse el uno al otro. Incluso las obras de tipo religioso son presididas por los jesuítas, sin cuya presencia no se permite la acción a los actores. Los ángeles guardianes de Oleza se ensañan en las vestimentas, a menudo atrevidas, de los actores, y aún sospechan que algunos galanteos ardientes se esconden bajo la cubierta inocente de las obras.

La monotonía de la vida en Oleza se manifiesta en la rutina de las solteronas, *Las Catalanas*, mientras esperan que comience su tertulia: «Todo limpio, todo guardado. Sabían lo que habrían de sentir, comer, rezar, vestir y pensar en fechas memorables. De modo que a esperar al lado de la vidriera; a esperar que alguien viniera y empujase las horas hasta la de las oraciones.» (*OL*, p. 951)

Pero «el progreso» llega tarde o temprano. A Oleza llega en la forma del ferrocarril, uniéndola con Murcia. Se levantan edificios para la estación, y la vieja alameda, carretera de Murcia, se convierte en un paseo con bancos, azulejos y farolas. Ruidosas vendedoras de flores hollan el terreno que era antes refugio de paseantes meditabundos.

Tanto las viejas como las jovencitas de la ciudad o de la huerta llevan su carga de flores: sucias, escuálidas y descalzas, pero nunca sin una flor en el pelo. Llevan ramos de rosas y los brazos llenos de claveles, nardos, jazmines y ramilletes caprichosamente arreglados.

El ferrocarril se convierte en la ventana de Oleza: «El ferrocarril de Oleza-Costa-Enlace dejaba la emoción y la ilusión de que toda la ciudad viajase dos veces al día: en el correo y en el mixto, o de que toda España viese a Oleza dos veces al día. Oleza estaba cerca del mundo, participando abiertamente de sus maravillas.» (*OL*, pp. 1055-56) Representantes de todas las clases sociales se congregan en la estación durante las llegadas y salidas del tren:

> Mandaderos, mozas, anacalos y aprendices con bandejas, cuévanos y tablas de hornos y pastelerías..... Familias de Oleza, menestrales de las sederías, arrabaleros de San Ginés, viajeros rurales, frailes, socios del Casino.....
> Mujeres con ramos de flores, de cidras y naranjos.....
> ....
> La vieja ciudad episcopal palpitaba en las orillas del Universo. Desde las portezuelas, comisionistas de azafrán y cáñamo, técnicos ingleses de las minas de Cartagena, viajantes catalanes, mercaderes valencianos de sedas, familias castellanas de alumnos de «Jesús», cogían en brazos las flores, los manojos de limas, de naranjas, de ponciles.....
> (*OL*, pp. 1061-62)

El cerrado jardín de Oleza ha abierto finalmente su verja.

Oleza es una ciudad dividida. Desde la topografía del terreno donde está erigida, la ciudad parece sentenciada a la división. El río la divide en dos distritos donde las clases sociales se separan y finalmente antagonizan cuando una riada inflama sus temperamentos:

> Sumida, vieja, sin cielo, viéndose más sus remiendos y desolladuras, la ciudad se entregaba a los dos bandos: el de San Ginés, que vive siempre en una corralada de humanidad primitiva; en un vertedero de hijos, de bestias, de inmundicias, de faenas, de disputas, de tánganos y coplas; y el de San Daniel, que vive dándose codazos en el corazón, espulgándose la conciencia, sintiéndose entonces con sangre y resabios de casta harapienta, como si brotase a empujones de otras guaridas de peñascal. (*NP*, p. 893)

La religión es una fuente más de discordia. La población olezana pertenece bien al mundo secular, bien al clerical; la parte cuarta de *El obispo leproso* se titula «Clausura y siglo». La división entre los dos grupos, concerniente al origen de los dulces olezanos, muestra ridículamente la insignificancia de los valores de sus ciudadanos. Con la llegada del ferrocarril se forma un gremio laico de pasteleros que compite con los conventos en la preparación de dulces. Los periódicos liberales y conservadores entran en una polémica sobre este discutido asunto.... *La Antorcha*, periódico liberal, festeja la abundancia de los productos olezanos, pero el editor

25

del diario conservador *El Clamor de la verdad,* en un artículo que titula «Alerta» previene sobre los deplorables fraudes perpetrados en los renombrados dulces de Oleza. No es posible que todo lo que se vende en la estación provenga de los conventos. Lo apócrifo se mezcla subrepticiamente con lo legítimo. *La Antorcha* replica: «¿Y qué?», con un título de artículo abiertamente impertinente. El diario liberal prueba en frías estadísticas que la confección de pastas y pasteles de los hornos monásticos no ha disminuido. Los domingos y días festivos las clarisas, las salesas, las jerónimas y las verónicas (diferentes comunidades religiosas) no pueden satisfacer las demandas. Por otra parte, los pasteleros laicos han doblado su trabajo, que no es clandestino, ya que sus productos llevan su propia marca. No es un fraude beneficiarse de los dulces monjiles, sino una utilización legal de nombres tradicionales inevitables:

> Si los viajeros del ferrocarril de Oleza-Costa-Enlace compraban hojaldres y bizcochos laicos, creyéndoles amasados en las artesillas «De las hacendosas abejas de los panales del cielo» —verdadera galantería liberal—, ¿qué culpa tenía el gremio de dulceros? ¿Que se confunden las castas de dulce? ¿Y qué? Si el dulce del siglo resultaba tan gustoso como el del claustro, ¿negaría *Carolus Alba-Longa* las eficacias del progreso, los beneficios públicos de la competencia? (*OL,* p. 1056)

La división de las ideologías va más allá de este paréntesis irónico. El mundo secular se divide en dos partidos políticos, discordantes hasta las últimas consecuencias: la facción conservadora Carlista, obsesionada por la tradición y la austeridad, y la facción liberal, ansiosa de reformas y de una vida más gratificante. Los conservadores están apoyados por los jesuítas, mientras que los liberales cuentan con la aprobación implícita del Obispo. Cada partido tiene su propio círculo: el *Círculo de Labradores,* conservador, y el *Recreo Benéfico,* liberal. El resultado de la división social y moral del microcosmos olezano es resumido por el conservador Don Alvaro:

> ... la contienda de la pobre Oleza significaba la del mundo.... Como en el mundo, las dos mitades de Oleza, la honesta y la relajada, se acometían para trastornar la conciencia y la apariencia de la vida. Jesús esforzaba a los

olecenses puros,. Ya no se temía la discordia como un mal, sino que era un deber soltarla en lo íntimo de las amistades y de las familias. El Recreo Benéfico, con su mote masónico de caridad, iba pudriendo las limpias costumbres. Muñía bailes, jiras, cosos, tómbolas, comedias y verbenas, que Jesús condenaba implacable, repudiando a los luises que participaron de las abominaciones. Y Palacio se retrajo con el silencio de las tolerancias. (*OL*, pp. 1020-21)

Irónicamente, los santos patronos de la ciudad dividen a la población devota. Existen los que prefieren el culto a la amable imagen de *Nuestra Señora* antes que enfrentarse a los ojos penetrantes y omniscientes de *Nuestro Padre*. Aparece el aspecto competitivo, mostrado con humor en el episodio de las palomas mensajeras: Se habían solicitado palomas para la ceremonia de la consagración del convento en honor de la patrona. Al comerciante que las trae se le cae la cesta frente a la iglesia de *Nuestro Padre*. Las aves vuelan y se esconden en las gárgolas. Los devotos del Santo Patrón gritan: «Milagro, milagro de Nuestro Padre!...» Entonces, los vecinos y sacerdotes del barrio de la Visitación les acometen rugiendo: «¡Viva Nuestra Señora del Molinar!» (*NP*, página 784) Las asustadas palomas vuelan más alto y se pierden en el cielo.

A.   ESTRUCTURA DE LAS NOVELAS

1.   *Contenido.*

En la estructura de sus novelas, Miró ha desechado el tratamiento convencional de los principios de secuencia y causalidad (véanse los capítulos Elemento Temporal y Acción Elíptica). Esto no quiere decir que la estructura sea caótica: *Nuestro Padre San Daniel* y *El obispo leproso* se presentan en una serie de episodios diferentes unidos por un tema común. Cada episodio y cada personaje tienen una función en el acontecer temático, ya se relacionen entre sí, ya sigan su propio curso.

Las novelas de Miró han sido a menudo atacadas, con la acusación de debilidad en la trama o de carecer completamente de ella.[8] En su artículo sobre *El obispo le-proso*, Otega y Gasset escribe:

¿Qué clase de perfección es ésta que complace y no subyuga, que admira y no arrastra? ¿Es una perfección estática, paralítica, toda en cada trozo de sí misma, y que por esta razón no invita a completar lo que ya vemos de ella, apeteciendo lo que aún nos falta? Cada frase gravita sobre su propio aislamiento, sin dispararnos sobre la que sigue ni recoger el zumo de la precedente....

... ...

Debe trabajar con una técnica parecida a la de un pintor primitivo que fabrica su tabla pulgada a pulgada, poniéndose entero en cada una, en vez de construir la obra desde un centro único que irradia en torno una perspectiva de degradaciones....

Todo el libro rebosa un magnífico lirismo descriptivo —que es probablemente la auténtica inspiración de Miró y no la de novelista.[9]

No estamos de acuerdo con la opinión de Ortega y Gasset sobre la construcción de la novela. Examinando *El obispo leproso* como unidad conjunta con *Nuestro Padre San Daniel* —tal y como fue concebida por el autor—, su narrativa demuestra estar contenida en una

---

[8] Angel del Río, *Historia de la literatura española* (Nueva York, 1963), pp. 318-19: «Su arte es sensación pura..... El arte de Miró está hecho casi exclusivamente de sentimiento, un sentimiento, no de tipo introspectivo sino contemplativo, que se basa siempre en la impresión de la naturaleza y de las cosas; ... ejemplos claros de lo que Ortega llamó «la deshumanización del arte» .....

... ...

La fábula, la trama, el suceso... aparece diluido.... Más que narrador, es un pintor de lugares y seres humanos..... Guillermo Díaz-Plaja, *Modernismo frente a noventa y ocho*, 2ª ed. (Madrid, 1956), p. 252: «Basta comparar su manera fluvial con la tendencia a estancar el relato en mera sensación descriptiva —lírica— grata; por ejemplo, a Gabriel Miró.» Mariano Baquero Goyanes, *Prosistas españoles contemporáneos* (Madrid, 1956), p. 174: «Todo el mundo sabe que las narraciones de Miró atraen esencialmente por la calidad de la prosa, del lenguaje, más que por el interés de la trama o de los personajes, bastante desdibujados psicológicamente. Esta es una de las causas determinantes de que las obras de Miró ejemplifiquen con cierta claridad el aludido proceso de desnovelización, en virtud del cual el acento del interés se ha trasladado desde lo que parecía ingrediente esencial en una novela —la acción, el argumento— a lo que antes se estimaba casi accesorio o por lo menos ancilar: el lenguaje, el virtuosismo técnico.»

[9] José Ortega y Gasset, *Obras completas*, tomo III (Madrid, 1962), páginas 544, 546, 549.

estructura circular. La armazón de la novela presenta a Oleza sin el Obispo al principio y al final de la novela, transcurriendo la mayor parte de la acción entre la llegada y la muerte del Obispo. Este círculo estructural circunscribe otro más pequeño: la llegada y la partida de Oleza de Don Alvaro, su partida coincidiendo con la muerte del Obispo. En un círculo circunscrito aún más pequeño están registradas las acciones contrastadas de Paulina: su salida y vuelta al *Olivar*, coincidiendo también su vuelta con la muerte del Obispo. La estructura presenta entonces una serie de círculos concéntricos de diferente magnitud. La acción de *El obispo leproso* converge en la historia de Pablo, su madre, Paulina, y su padre, Don Alvaro. En *Nuestro Padre San Daniel* la historia se centra en Don Daniel, Paulina y Don Alvaro, finalizando con el nacimiento de Pablo. *El obispo leproso* continúa la acción cuando Pablo tiene seis años y acaba cuando tiene diecisiete. Hay una trama secundaria que incluye la ciudad y los personajes restantes que se relacionan directa o indirectamente con los protagonistas.

Aunque es difícil seguir los episodios en una secuencia temporal (véase capítulo III sobre Elemento Temporal), se puede construir el argumento si los huecos en la secuencia, son rellenados por el lector: Don Daniel Egea es el propietario del olivar donde, en tiempos pasados, un escultor desconocido escogió un árbol para tallar la imagen de San Daniel, que se convirtió en el Patrón de Oleza. Por esta razón, la propiedad de Don Daniel se llama «El Olivar de Nuestro Padre». La efigie está revestida de poderes milagrosos de omnisciencia referentes a la castidad de las mujeres. En torno a la imagen del Santo en su templo hay un tapiz que ha sido tejido por sus devotos. En su festividad concede gracias si los suplicantes tocan al tiempo este tapiz·

El viudo Don Daniel vive en una bucólica paz en el *Olivar* con su hija Paulina y su criada Jimena: «Bendecidas estaban sus tierras. No sosegaban los molinos de grano y de oliva.... En aceite y en el río se bañaba la hacienda. La traspasaba el Segral, de aguas gordas y rojas, elevadas por azudas y recogidas por azarbes para regar las gradas de legumbres, morenas del mantillo, y las tierras calientes de los maizales, de los naranjos y cáñamos....» (*NP*, p. 787) El único pariente que Don Daniel tiene en la ciudad es su prima Corazón

Motos, cuyo devoto amor por él, Don Daniel ha ignorado, inconscientemente, toda su vida. Cuando empieza la historia, ella es la viuda de un corrompido capitán.

Otros personajes influyen o dominan las vidas de Don Daniel y Paulina. Entre ellas está el voluntarioso y ascético Padre Bellod, párroco de San Bartolomé; el austero canónigo Don Cruz; el solterón Don Amancio, editor del diario local; y el vivaz Don Magín, cura auxiliar del Padre Bellod, y después párroco de San Bartolomé.

La administración religiosa de la diócesis la controla el Obispo desde el Palacio Episcopal de Oleza. En el relato se cita inicialmente a un Obispo de Córdoba, una figura llena de colorido que gusta montar a caballo y de irrumpir en los conventos gritando: «¡Ah de mis monjas! ¡Ah de mis monjas!» Las dóciles palomas responden obedientemente: «Y todas acudían, estremecidas de confusión, bendiciendo las muchas maneras de santidad que puede haber en este mundo» *(NP*, p. 793). Cuando muere el Obispo cordobés, Don Amancio comienza una campaña para llevar a Don Cruz al obispado de Oleza. Una comitiva está pronta para partir a Madrid para pedir su nombramiento, cuando llega la noticia de que el nuevo Obispo ya ha sido designado.

El nuevo prelado es recibido posteriormente con pompa y esplendor. Dirige la diócesis serena y distantemente. Sufre una enfermedad cutánea no bien definida, que parece ser lepra. Pronto, después de la llegada del nuevo Obispo, la fortaleza carlista de Oleza es visitada por un seguidor de Don Carlos, el capitán Don Alvaro Galindo y Sellarronga, nativo de Gandía. Es un *enviado* con una misión política. Conoce a Paulina y la solicita en matrimonio. Uno de sus soldados en la guerra carlista vive ahora en Oleza; es Cara-rajada, un hombre con una cicatriz desfigurante. Una temible relación de culpabilidad mutua existe entre el ex-capitán y su antiguo subordinado: como oficial permitió a Cara-rajada cometer un atroz crimen de guerra, lo que originó su epilepsia; en una misión posterior bajo las órdenes de Don Alvaro, Cara-rajada quedó desfigurado. Obsesionado eróticamente por Paulina, Cara-rajada intenta persuadirla de que no se case con su antiguo jefe. La tensión entre Don Alvaro y Cara-rajada persiste hasta que este último muere ahogado.

Don Alvaro consiente en quedarse en Oleza después de su boda con Paulina, pero rehusa vivir en *El Olivar*. Escoge una casa en la ciudad, adonde lleva a su hermana Elvira, una solterona amargada. Después del viaje de novios, en el que van a visitar la tumba de los padres de Don Alvaro, Paulina se adapta a su vida de casada y a la monotonía de la rutina olezana. Don Daniel es mantenido a distancia de este nuevo hogar y Paulina de su padre. En las tertulias en casa de Don Alvaro, Paulina permanece bajo el ojo vigilante de su marido o de su cuñada. Don Daniel expira tristemente sin haber podido ver a su hija o al esperado nieto.

En la víspera de la festividad del Santo Patrón ocurre una inundación. Todos los agravios dormidos hacen explosión. Los devotos de Nuestro Padre interpretan la furia del río como castigo del Santo por el olvido en que se encuentra su capilla inconclusa, y se vuelven contra el gobierno episcopal. Al mismo tiempo, los residentes de este barrio interpretan erróneamente los fuegos artificiales del barrio de San Ginés considerándolos como un ataque, y comienza un tiroteo. Don Magín cae herido y como consecuencia de esta desgracia se establece una tregua temporal entre las facciones. Durante su convalecencia, Don Magín descansa en «La Visitación» bajo el cuidado de su amigo el cura Don Jeromillo. Allí es visitado por representantes de los grupos en discordia.

Nace un hijo de Paulina y Don Alvaro, al que se le pone por nombre Pablo. (Su nacimiento coincide con el de Máximo Lóriz, vástago de la aristocracia olezana y después compañero de escuela de Pablo). Aquí termina el relato de *Nuestro Padre San Daniel*. Relato que continúa en *El obispo leproso* cuando ya Pablo está en edad escolar. Es un chico vivaz que realiza incursiones con éxito en el jardín de Don Magín y en el recinto del Palacio Episcopal, donde es silenciosamente vigilado y protegido por el invisible Obispo. Debido al incontrolable deseo de libertad de Pablo, se decide en un consejo de familia que debe ser internado en el Colegio de Jesús, regido por los jesuítas. Irónicamente, Paulina no es incluida en este consejo familiar, compuesto por Don Alvaro, Elvira y otros amigos de la tertulia. Pablo

31

demuestra ser un escolar sensible, feliz y travieso. Es adorado por su madre y él, a su vez, mantiene un fuerte lazo de unión con ella. La relación con su padre es tensa y carente de signos de afecto; sus temperamentos chocan.

Pablo tiene su contrafigura femenina en la huérfana María Fulgencia Valcárcel, original de Murcia y de su misma edad. María Fulgencia sufre ataques periódicos de neurosis, y ya ha sido internada una vez en el convento de la Visitación para su cura. Sufre una recaída en Murcia. Durante esta crisis se enamora de la imagen del Angel de Salcillo, que se propone adquirir utilizando toda su herencia. A su vuelta al convento para continuar la terapia, conoce a Pablo y cree que él es la reencarnación de su amado ángel. Más tarde esto traerá serias consecuencias.

La construcción del ferrocarril aporta elementos humanos foráneos a la cerrada ciudad: los ingenieros y las mujeres de vida alegre que les sirven de entretenimiento. Algunos olezanos, animados por el dinamismo de esta gente nueva, se reúnen y forman un club más liberal donde los sexos, anteriormente separados, puedan mezclarse. El *Casino Nuevo* tiene la bendición del Obispo, y esto causa el cisma definitivo entre los ciudadanos conservadores y los liberales de Oleza. Las antiguas tertulias continúan. Doña Corazón, ahora inválida, mantiene su casa abierta para Don Magín y sus amigos. Una tertulia rival, la de las solteronas, Las Catalanas, cuenta con la asistencia de Elvira y la esposa del homeópata Monera. Los otros personajes femeninos, la Condesa Lóriz, la hermosa Purita y Paulina, emergen en Semana Santa para tomar parte en las ceremonias religiosas.

La novela pasa repentinamente al momento en que Pablo termina sus estudios en el colegio de Jesús, durante las festividades del Corpus Christi. El humilde e ingenuo Obispo de Alepo representa al achacoso Obispo de Oleza en la fiesta de fin de curso. Paulina enferma y no puede asistir. Pablo regresa a casa con su tía Elvira. Pasa su primer verano, tras haber conseguido el título de bachiller, en el más absoluto aburrimiento.

Mientras tanto, María Fulgencia ha originado problemas a las monjas del convento. Ha convencido a la Madre Superiora para que solicite la ayuda de su primo Mauricio, con el fin de traer cierta reliquia de Francia (y utilizarla para curar al Obispo, ya que las reliquias tienen poderes milagrosos). Mauricio es un oficial del ejército en el servicio diplomático y antiguo pretendiente de María Fulgencia. La huérfana contamina a la comunidad con sus alucinaciones. Todas las monjas tienen visiones de un arcángel con forma de Mauricio que las visita por las noches. Por último, María Fulgencia sale del convento, jurando casarse con el primer hombre que se cruce en su camino. Ese hombre resulta ser el viejo solterón Don Amancio, editor del periódico local y propietario y maestro de una academia de chicos. Poco después de la boda de María Fulgencia con el viejo solterón, Pablo es enviado a estudiar a su academia. El joven conoce entonces a María Fulgencia y se enamoran. Su ardiente y joven pasión brota en bellas escenas de amor bajo los limoneros del huerto de Don Amancio. Un día los descubre el jiboso sobrino del esposo injuriado, y el idilio termina con la impuesta separación de los enamorados. María Fulgencia regresa a sus propiedades de Murcia y a Pablo le llevan sus padres al «Olivar». Planean establecerse allí sin la compañía de Elvira. Esta ha sido repudiada por Don Alvaro y devuelta a Gandía tras una crisis erótica durante la cual trató de obligar a Pablo a un contacto físico.

La novela termina con el noble Don Magín contemplando la salida del tren que se lleva a su querida amiga Purita. Es el mismo tren que Pablo y María Fulgencia contemplan todos los días esperando que les traiga un mensaje de amor.

El tema expresado en la trama es la vida y la muerte en un microcosmos, la tragedia de la existencia mostrada en un ambiente de monotonía mortal, donde los personajes se mueven inmersos en una densa atmósfera de amor y odio. Los únicos cambios en esa vida monótona son aquellos que efectúa el inevitable paso del tiempo, que es el principal tema de la novela. El progreso se nos muestra así en un lento proceso, tan imperceptible como el movimiento de un caracol. La aparición del ferrocarril en Oleza es la muestra tangible de que el progreso, a pesar de todo, se ha producido.

2. Ambiente.

Como ya hemos visto anteriormente, Oleza tiene una doble función en las novelas: la de marco espacial de los hechos y la de personaje en sí misma. Oleza es un personaje omnisciente y omnipresente: «Oleza tiene ojos de gato y de demonio que traspasan las paredes», dice Purita. (*OL*, p. 959) «Oleza les miraba.» (*OL*, p. 975) Por las mañanas: «Oleza se quedaba inocente y tímida bajo las campanas y esquilones de sus conventos y parroquias.» (*OL*, p. 945) En los relojes de la ciudad: «latían las sienes de Oleza.» (*OL*, p. 911) Durante el Corpus: «la ciudad subía en el azul como una vieja custodia de piedra, de sol y de cosechas, estremecida de campanas y palomos.» (*OL*, p. 997) Durante el verano, «hasta el otoño..... Oleza se quedaría callada, quietecita; toda la ciudad en vacaciones, toda cerrada, respetando el sosiego de los señores de Jesús.» (*OL*, p. 1001) El Obispo muere y no es nombrado un sucesor: «Oleza no se desesperaba por su orfandad. Pasaba el tiempo y pasaba el tren, divirtiéndola de su luto.» (*OL*, p. 1057)

El santo patrón, Nuestro Padre San Daniel, es también un personaje todopoderoso cuando contempla a los olezanos con sus penetrantes ojos: «Los ojos de Nuestro Padre escrutan su casa .... ojos duros, profundos, de afilado mirar, que atraviesan las distancias de los tiempos y el sigilo de los corazones, sobrecogen y rinden a los olecenses. Cuando rodean el altar, la mirada de Daniel se va volviendo, y les sigue y les busca ..... Son los ojos que leyeron la ira del Señor contra los príncipes abominables. Y si descubrieron la castidad de Susana bien pueden escudriñar las flaquezas femeninas; .... (*NP*, páginas 785-86)

Los olezanos sienten también el hechizo de otro personaje, su Obispo. Aunque no aparece a menudo, su presencia es sentida continuamente. Es un elemento unificador, como lo es la ciudad en sí misma, y la estructura de la novela gravita alrededor de su existencia, como hemos visto anteriormente. Es la fuerza benéfica que trasciende la atmósfera discordante y opresiva. Su aparición es sólo entrevista vagamente tras una mano que bendice. En su primer contacto con Oleza, «apareció el pliegue de una muceta, y dos dedos, con un resplandor de joya, trazaron una rápida bendición.» (*NP*, p. 808) Es la misma mano que bendice a Pablo y a su madre cuando caminan por los campos en una tarde de niebla y lluvia. Ella ha caído de rodillas, apesadumbrada por la pena de sus problemas maritales: «Una mano morada trazó la cruz entre la niebla, y ellos la sintieron descender sobre sus frentes afligidas....» (*OL*, p. 914) Dos opuestas figuras simbólicas presiden además el hermético mundo de Oleza y proporcionan los títulos a ambas novelas: el frío y rígido Nuestro Padre San Daniel, y el benigno y sensible Obispo.

Aparte de los protagonistas, personajes secundarios que representan toda la organización social aparecen en el microcosmos olezano: dos médicos, el tendero, los aristócratas, la bella de la ciudad, las solteronas, varios profesores jesuítas y los trabajadores.[10] Como ha señalado Jacqueline Van Praag Chantraine, parece que sobre todos gravita la fatalidad.

> Une sourde fatalité pèse sur toutes les créatures de ce drame, les frappant dans leurs amours, toutes accompagnées de soufrance ou de honte: amour paternel trop exclusif chez don Daniel et maternel chez Pauline, amour entaché de haine et d'obsession chez don Álvaro, amour incestueux refoulé chez Elvire, amour trés pur chez l'évêque, lequel, á travers les confidences de Pablo, suit avec tristesse les vicissitudes de Pauline qu'il aime en secret; en fin l'amour de Pablo, attiré par l'étonnante María Fulgencia, la jeune épouse d'un ami de son pére, qui provoque à Oleza le scandale d'un adultère.[11]

A esta lista pueden añadirse otras relaciones frustradas: el amor entre Paulina y Máximo Lóriz que podía haberse materializado en una unión feliz, ignorado por Don Daniel; el amor no recompensado de Doña Corazón por su primo Don Daniel y, a su vez, el de Don Vicente Grifol por Doña Corazón; y, finalmente, la neurótica atracción de Cara-rajada por Paulina.

---

[10] Para un análisis más completo de los personajes, véase el capítulo V.

[11] *Gabriel Miró ou le Visage du Levant, Terre d'Espagne*, p. 236.

3. *Forma*

Las novelas se dividen en partes y se subdividen en capítulos. *Nuestro Padre San Daniel* tiene cuatro partes. La parte primera, «Santas Imágenes», proporciona el origen y poderes sobrenaturales de los santos patronos. La parte segunda, «Seglares, Capellanes y Prelados», comienza la introducción de personajes laicos. La tercera constituye el núcleo de la novela con la llegada de Don Alvaro, *el enviado*. Hay algo de emoción: Paulina y Don Alvaro se comprometen. La parte cuarta incluye su boda tras la cual vuelve la monotonía; muere Don Daniel, nace Pablo y la inundación amenaza la ciudad.

El obispo leproso tiene siete partes. La parte primera trata de la niñez de Pablo y su vida escolar. La segunda está dedicada por entero a María Fulgencia, la contrafigura de Pablo. La tercera, «Salas de Oleza», presenta la vida social de la ciudad, el palacio de los Lóriz, el liberal *Casino Nuevo*, y las tertulias de *Las Catalanas* y de Doña Corazón. La cuarta, «Clausura y siglo», muestra el sensual mundo secular enmarcado en la pompa de las celebraciones litúrgicas. La quinta se refiere a los rituales del Corpus Christi y las ceremonias de despedida del año escolar en el colegio de los jesuítas. Las partes sexta y séptima terminan la novela con el idilio ardiente de Pablo y María Fulgencia, y su obligada separación. Muestran también los cambios que el ferrocarril ha traído a Oleza.

Nuestro Padre San Daniel tiene veintidós capítulos, y *El obispo leproso*, veintinueve. Aunque cada capítulo trata un episodio diferente, todos los capítulos tienen una intención definida en la creación de un ambiente. En *Nuestro Padre San Daniel* se nos presenta primeramente el trasfondo histórico y religioso, y luego en un relato lineal se introducen los personajes. La relación entre los principales de éstos ocurre exactamente en la mitad de la novela. En *El obispo leproso*, la parte primera se dedica al protagonista, Pablo; la segunda, a su contrafigura femenina, María Fulgencia. Sigue un paréntesis dedicado al ambiente que les rodea, tres capítulos, antes de que el protagonista y su contrafigura se enfrenten en la última parte.

Ambas novelas muestran un firme sentido de equilibrio en la concepción y en el detalle. La visión pesimista es equilibrada por la belleza de las metáforas y por los episodios humorísticos. Hay temas que dan continuidad a la novela (véase p. 9 para el leitmotif de Oleza). En cada una de las novelas, el uso de la primera persona en la narración dramatiza la figura del narrador cada vez que el cronista olezano, Espuch y Loriga, es mencionado: en *Nuestro Padre San Daniel*, «He visto un óleo del señor Espuch y Loriga: ...» (*NP*, p. 781); en *El obispo leproso*, «Espuch y Loriga, el curioso cronista de Oleza, ... dejó inéditos sus Apuntes históricos .... *Yo he* leído casi todo el manuscrito, ...» (*OL*, p. 918) (El subrayado es mío)

El último capítulo de *El obispo leproso* repite un tema de la primera parte de *Nuestro Padre San Daniel:* «Beber en picheles y cántaras de Nuestra Señora hace fecundas a las estériles.» (*NP*, p. 183) En el último capítulo de *El obispo leproso*, la mujer de Monera grita: «¡Tráeme tazas y picheles de las alfarerías de Nuestra Señora, barro bendito, que vuelve fecundas a las estériles!» (*OL*, p. 1057)

El obispo leproso finaliza con una nota elegíaca: Don Magín queda filosofando solitario en la estación; su última amiga, Purita, se ha ido. El conde y la condesa de Lóriz se marcharon ya hace tiempo, el Obispo ha muerto, y Paulina y Pablo están ahora en el *Olivar*. Aun así, la forma elegíaca es equilibrada por una señal de esperanza: la presencia del tren que trae vida y futuro para Oleza. La novela termina con una imagen luminosa: «Encima temblaba la gota de un lucero....» (*OL*, p. 1063)

II. TECNICA NARRATIVA

A) Punto de vista

El factor más importante en el arte de la ficción es sin duda alguna la creación de la ilusión de la realidad. Hay posturas dialécticas en el arte de la ficción referente a las cualidades que la novela requiere, como Wayne Booth explica en *The Rhetoric of Fiction:*

> Some critics would require the novel to do justice to reality, to be true to life, to be natural, or real, or intensely alive. Others would cleanse it of impurities, of the inartistic, of the all-too-human. On the one hand, the request is for «dramatic vividness», «conviction», «sincerity», «genuineness», «an air of reality», «a full realization of the subject», «intensity of illusion»; on the other, for «dispassionateness», «impersonality», «poetic purity», «pure form». On the one hand, «reality to be experienced», and on the other, «form to be contemplated.»[1]

Generalmente se acepta, sin embargo, que el papel del novelista es crear la ilusión de la realidad, ya que la realidad en sí misma no puede ser expresada en forma literaria. El grado de intensidad de la ilusión de la realidad sería, pues, la medida de la efectividad de la novela como tal.[2] En la búsqueda de esta intensidad de la ilu-

---

[1] Chicago, 1961, pp. 37-38.
[2] Wayne Booth cita a Henry James, *The Art of the Novel*

sión de la realidad es donde los novelistas desarrollan e intentan nuevas técnicas, y bajo este aspecto deseamos estudiar el arte narrativo de Gabriel Miró, aunque no nos detendremos tan sólo en ella. En el curso del análisis veremos cómo Miró ha desarrollado un modo estilístico de elipsis, aplicable a muchos componentes de la estructura narrativa. Veremos con claridad cómo útiliza la técnica elíptica no sólo en la expresión lingüística de la novela, sino también en los principios subyacentes de causalidad, en la cronología, en un acercamiento conceptual a una ironía siempre penetrante, tanto trágica como cómica, y en los bruscos cambios del punto de vista. Es esto último lo que ahora ocupa nuestra atención. El Profesor Edmund King señala que una de las características más notables de Miró es: «the absence of purely informative verbal tissue that would tell us such things as from what point of view a scene is being observed, who is speaking, why an unexpected remark is made, and the like.» [3] Podemos advertir esto desde las primeras frases de la novela que analizamos, y que comienza: «Dice el señor Espuch y Loriga que no hay, en todo el término de Oleza, casa-heredad de tan claro renombre como el *Olivar de Nuestro Padre* de la familia Egea y Pérez Motos.» (*NP*, p. 181) La primera impresión al leer este párrafo es que Espuch y Loriga es un personaje de la novela, y sin embargo vemos posteriormente en el texto que es el autor de las crónicas olezanas, cuyas líneas son citadas.

Otro rasgo predominantemente mironiano, relacionado con el ya señalado, es la mezcla de narración y diálogo. La dramatización irrumpe repentinamente en el resumen del narrador sin previo aviso de quien pronuncia las palabras, lo que sólo podemos descifrar según avanza la narración. Un claro ejemplo de esta técnica aparece en una escena que precede a una de las cenas de Doña Corazón, y que citamos íntegramente para demostrar nuestro punto de vista:

Comenzaba abril, el abril de Oleza, oloroso de acacias, de rosales y naranjos; de buñuelos, de hojaldres y de «mo-

---

(ed. R. P. Blackmur, New York, 1947), p. 45, «I might produce illusion if I should be able to achieve intensity.»

[3] «Introduction to Gabriel Miró», *El humo dormido*, New York, 1919, p. 41.

nas» de Pascua. Pero don Jeromillo sentía ya la rubia hoguera de junio que alumbraba las regaladas vísperas de los Santos Apóstoles. Las memorias de sus pasados refocilos no le dejaban ni cumpliendo su ministerio. Tenía que penitenciarse, imaginando muy hediondos los manjares y muy horrenda a doña Corazón. Y nada. Triunfaba siempre la pulidez de la señora. Porque ¿qué fortaleza y qué rigores ascéticos podrían malograr la sabia mensura de la masa de las empanadas de pescado y el primor de la tostada orilla, toda de un rizo, como tisú de la casulla más preciosa de la Visitación?

—Y ese trenzadico, o como se llame, de los pasteles, ¿lo hace usted con los dedos nada más?

—¿Dice usted el repulgo, don Jeromillo?

—¿El repulgo? Bueno, sí, señora, el repulgo será.

—Pues ¿cómo había de hacerlo, sino con los dedos nada más? —y la señora tendía sus manos, mostrándole los graciosos hacedores del repulgo, y sonreía como una santa que sabe la blancura de sus dientes.

Y el capellán le miraba los dedos, aspirando su aromosa limpieza, olor de bergamoto, pero bergamoto hecho ya carne y palidez delicada de la viuda. (*NP*, pp. 802-3)

Los ejemplos de estas repentinas intromisiones de diálogo o de exclamaciones en la narrativa son incontables, ya que se trata de una de las características más constantes en Miró; tendremos ocasión de comentar alguna de ellas. Cuando, por consejo de la jerarquía mayor de la Iglesia, el deán debe reprender a Don Magín por sus frívolos sermones, la narración se desarrolla como sigue:

No recordaba don Magín sus pláticas del Archivo. Claro que serían frívolas si el padre Bellod lo dijo, porque al padre Bellod faltábale inventiva hasta para malsinar y mentir.

—¡Ni tiene imaginación ni olfato, ni lo necesita!

Se pasmó el deán y vicario de la diócesis.

Recordóle también don Magín que la iglesia trató de asuntos frívolos en días de riesgos y persecuciones. (*NP*, página 803)

La misma técnica estilística aparece cuando el autor recoge las conversaciones de las tertulias. (*NP*, pp. 901-02) El autor plantea esta forma de estilo elíptico en la primera página de *El obispo leproso*, como también hace en *Nuestro Padre San Daniel*. Citamos los primeros párrafos de *El obispo leproso*:

Se dejó entornada la puerta de la corraliza. ¡Acababa de escaparse otra vez! Y corrió callejones de sol de siesta. Se juntó con otros chicos para quebrar y amasar obra tierna de las alfarerías de Nuestra Señora, y en la costera de San Ginés se apedrearon con los críos pringosos del arrabal.

Pablo era el más menudo de todos, y al huir de la brega buscaba el refugio del huerto de San Bartolomé, huerto fresco, bien medrado desde que don Magín gobernaba la parroquia.

La mayordoma le daba de merendar, y don Magín, sus vicarios y don Jeromillo, capellán de la Visitación, le rodeaban mirándole.

Pablo les contaba los sobresaltos de su madre, el recelo sombrío de su padre, los berrinches de tía Elvira, la vigilancia de Don Cruz, de Don Amancio, del padre Bellod, ayos de la casa.

—¡Y si yo casi todas las siestas me escapo por el trascorral!

—¡Te dejan que te escapes!

Y Don Magín se lo llevó a la tribuna del órgano.

Se maravillaba el niño de que por mandato de sus dedos —sus dedos cogidos por los de Don Magín— fuera poblándose la soledad de voces humanas, asomadas a las bóvedas, sin abrir las piedras viejecitas. Siempre era Don Jeromillo el que entonaba o «manchaba» gozándose en su susto de que los grandes fuelles del órgano se lo llevasen y trajesen colgando de las sogas. (*OL*, p. 911)

La ausencia de información en lo narrativo acerca de quién habla se une al repentino cambio de punto de vista o a la irrupción de exclamaciones. Un ejemplo de esta técnica lo tenemos cuando Monseñor Salom llega para oficiar al *Colegio de Jesús* y se encuentra rodeado de religiosos y seglares. Caminan todos juntos por los terrenos del colegio, y el simple prelado es obligado a escuchar discusiones sobre materias que van desde las matemáticas a argumentos bíblicos y al destino de Oleza. Sus conocimientos limitados sólo le permitían hacer eco de los comentarios: «Monseñor asentía y se maravillaba mucho.» (*OL*, p. 1005) De súbito la acción comienza a saltar. Monseñor se sienta en un banco, sujetando, como de costumbre, una pequeña imagen de la Virgen en su mano derecha. Se oyen comentarios desde diferentes sitios, y nos damos cuenta de que Miró está utilizando una técnica elíptica para mostrarnos la oscurecida percepción de Monseñor cuando lentamente comienza a aburrirse, percibe frases aisladas, y finalmente cae dormido. Esto lo consigue presentando una conversación fragmentada, inconexa y difusa, tal y como la oye el adormecido prelado. El aroma de las flores y el arrullo de las palomas ayudan a introducir el ambiente soporífero:

> Sentóse monseñor en un banco del claustro; delante, se doblaban los racimos de las acacias, y a su vera le decían: «...La tolerancia de los de arriba trajo el dolor de los fuertes, la vacilación de los tibios, la vanagloria de los flacos.» (Frases del señor penitenciario.)
> Crónica de *Alba Longa*:
> Se había fundado el Recreo Benéfico, que celebraba veladas, comedias, tómbolas, coros, jiras...
> ... ...
> «La sensualidad, los rencores, las discordias desanillaban sus sierpes en las familias de Oleza.» (De un luis.)
> Todos se volvían a monseñor. Volaban los palomos por el huerto claustral; bullían los gorriones en los follajes y cornisas. Y él recordaba sus viajes por la escondida sede; su descanso en el monasterio de San Sabas; ...la cueva donde meditaba Sabas y a su lado jadeaba un viejo león que le seguía por el huerto y por los caminos, meneando la cola, lamiéndole sus manos como un lebrel... Y fueron entornándose los ojos del Obispo, y la imagencita de la Virgen rodó sonoramente por las losas. (*OL*, pp. 1005-06)

La técnica elíptica y troceada de narración-diálogo-narración también es obvia en el pasaje donde el deán es llamado por las monjas para que opine sobre la enfermedad de María Fulgencia. (*OL*, p. 933) Desde luego, resulta evidente en escenas de la tertulia de Doña Corazón (*OL*, p. 955), en reuniones de las tertulias rurales (*OL*, pp. 1056-57) y en la confrontación de Pablo con su familia cuando se descubre su idilio. (*OL*, pp. 1045-46)

La utilización de esta técnica narrativa no es caprichosa; obedece principalmente al propósito de producir la intensidad de ilusión de la realidad a la que nos hemos referido anteriormente. En su búsqueda de expresión adecuada, el autor ha adoptado una técnica ecléctica, de «mostrar y contar». Se nos dan las observaciones del narrador al mismo tiempo que se nos presentan diversas facetas de la escena; se oyen voces, pero como en la vida, los dialogantes no se anuncian. De esa manera el narrador se elimina en parte de la escena, consiguiéndose gran intensidad dramática. Como dice Wayne Booth: «There can be no intensity of illusion if the author is present constantly reminding us of his unnatural wisdom.» Pero añade posteriormente: «A skillful novelist can, by the use of his own direct voice, accomplish in a few pages what even the best novelist must take chapters to do if he uses nothing but dramatized action.»[4] El que Miró se elimine parcialmente de la escena parece confirmar esta teoría.

Miró está definitivamente presente en gran parte de la novela como narrador o autor implicado, pero emplea la técnica del punto de vista múltiple para esconder su presencia. A causa de las descripciones y resúmenes de la acción, podríamos decir que la novela está narrada en tercera persona, aunque no nos guste aplicar esta categoría limitada a una obra de arte con tantos y diversificantes puntos de vista como es la novela de Miró. Y aún más, los bruscos cambios del punto de vista que requieren la atención constante del lector tienden a oscurecer la tercera persona del autor omnisciente. Esta es otra señal del logro de Miró como artista, al crear por encima de todo la ilusión de un narrador ausente cambiando constantemente el punto de vista. Ejemplos de estos cambios rápidos del punto de vista son numerosos desde el principio de *Nuestro Padre San Daniel*. En la primera página, vemos el cambio en el punto de vista del narrador, partiendo desde el autor del manuscrito en la novela, a la impresión subjetiva del narrador, volviendo al autor del manuscrito —y a una suma de hechos que no sabemos si son expresados a través del manuscrito o a través de la voz del narrador—, y otra vez regresando a la voz del narrador. Esto parece ser desconcertante para el lector, tal vez más desconcertante, cuando se intenta explicar el procedimiento. Sin embargo, el método sigue el principio de intensidad de la ilusión de la realidad: los múltiples puntos de vista desde donde la realidad se observa continuamente. Más ejemplos de esta técnica aparecen en el capítulo titulado «Consejo de familia» (*OL*, p. 915) cuando el punto de vista se traslada rápidamente hacia atrás y hacia adelante desde el autor omnisciente al punto de vista limitado de Elvira. Posteriormente en este capítulo, el punto de

---

[4] Booth, p. 45.

vista oscila como un rápido péndulo entre el autor omnisciente y la visión limitada de Pablo y Don Cruz,
finalizando en una repentina exclamación cuyo portavoz
no es identificado. (*OL*, p. 916) En las dos páginas siguientes, el punto de vista continúa trasladándose de
un personaje a otro, siendo reforzado el efecto mutante
por expresiones bruscas e inesperadas, y por la inserción
de breves comentarios del autor omnisciente. El proceso se repite una y otra vez en el texto. (*OL*, pp. 974, 976,
1022)

Igualmente importante para la ilusión de realidad en
el arte de la ficción es la ilusión de lo inmediato, o el
paso del pasado ficticio de la novela al presente ficticio.
Esta ilusión es buscada por Miró a través de la extensa
utilización del diálogo o dramatización [5], evidente en las
referencias anteriores. El procedimiento sirve también
para otro propósito, como ha sido explicado por Booth,
el de hacer converger el juicio del autor con gran precisión.[6] Otro elemento utilizado por Miró para producir la
ilusión del presente es el monólogo, como queda ejemplificado por el de Don Alvaro, provocado por la argu-
mentación de Elvira:

> —¡Me aborrece! ¿Verdad que me aborrece? ¡Tú también
> lo sabes! —y le impuso una ráfaga de furor que le disten-
> día vibrantemente—. ¡Pero no me importa! ¡A mí qué me
> importa! Lo mismo que no le importaba a Don Amancio
> el loco del cáncer. ¡Es lo mismo! ¡Yo qué culpa tengo!
> Antes de que tú me dijeses que no me importa, lo pensé
> yo, y he necesitado decírmelo hasta sentir la voz mía ha-
> cia mí mismo. Me aborrece uno: ¡el Cara-rajada! ¡Tantos
> odios habrá por esas almas contra tantos odios! Todos los
> hombres deben tener, fatalmente, un motivo de vergüenza
> o de horror. Pero es que vivo acosándome, y mi vida está
> parada, y yo acosándome. Y no podré vivir según he de ser,
> si yo no deshago mi vínculo con esos ojos. Parece que
> alguien acabe de revelármelo. Es un mandato que ha ido
> urdiéndose en lo oscuro de mi voluntad, y lo he sabido
> cuando estaba hecho. Sólo faltaba el grito espantoso de

---

[5] Como señala Mendilow, el método dramático es: «the method
of direct presentation, and aims to give the reader the sense of being
present, here and now, in the scene of action» (A. A. Mendilow, *Time
and the Novel* (London, 1952), p. 110.
[6] Wayne Booth, *The Rhetoric of Fiction* (Chicago, 1961, p. 378).

Paulina. ¡Lo echaré, echaré a ese hombre de la heredad esta noche, para charlo de mí! ¡Y ya está![7] (*NP*, p. 876)

El monólogo interior y la técnica del fluir de la conciencia son utilizados por Miró para producir el mismo efecto de presente. El monólogo interior que lleva a cabo Don Alvaro, mientras examina su atormentada conciencia en la parte que implícitamente ha tomado en el atroz crimen perpetrado por Cara-rajada (*NP*, pp. 873-874), es extremadamente efectivo. Está ejecutado como un silencioso diálogo imaginario entre Don Alvaro y Cara-rajada, que encarna su propia conciencia. Los problemas de Paulina nos dan más ejemplos de esta técnica. Cuando sabe que pronto va a ver al hombre que amó hace tiempo, piensa: «Pasaré una hora de esta tarde, tan mía desde que era niña, al lado de la de Lóriz, la hermana de él.» (*OL*, p. 970) Un poco más tarde considera: «Pude haber sido la mujer de ese hombre.» (*OL*, p. 972) Posteriormente, cuando su partida al *Olivar* está decidida, medita contemplando su propia vida en el espejo de Oleza:

> Paulina se asomó al balcón para ver Oleza, verlo todo sin la vigilancia de Elvira, Palacio de Lóriz, la catedral, los campanarios, las azoteas, los palomares. Oleza, también toda Oleza, se quedó mirándola con asombro: «¿De veras que ya está decidida vuestra felicidad? ¿No tiene eso remedio? ¿Entonces no servirá de nada lo pasado, lo padecido, lo deshecho? ¿Qué servirá para la plenitud de vuestro goce? No sabemos. Todavía no sois sino lo que fuisteis, y la prueba te la da tu memoria ofreciéndote como un perdido bien aquel Olivar de tu infancia y aquella felicidad que te prometías bajo los rosales. ¿Te bastará la improvisada felicidad de rebañaduras? Resultasteis desgraciados; una lástima, pero así era. ¿Vais ahora a dejar de ser lo que sois? ¿Y nosotros, y todos?» (*OL*, p. 1051)

---

[7] Para nuestro análisis del monólogo interior y del fluir de la conciencia ha sido de gran ayuda el revelador artículo del Profesor Erwin R. Steinberg sobre: «...the steady monologue of the interiors; the pardonable confusion,» *James Joyce Quarterly*, VI, núm. 3 (Spring 1969), pp. 186-200. El Profesor Steinberg clarifica la diferenciación entre los términos y establece una clasificación del punto de vista basada en diferentes niveles de abstracción. Así, el nivel inferior correspondería a la técnica del fluir de la conciencia, y el superior al autor obviamente intruso.

La novela termina con una nota resonante, recordatoria de Jorge Manrique, en el monólogo interior de Don Magín:

Meditaciones primarias de Don Magín: «No aspires, alma mía y alma de mi prójimo, a demasiada perfección; no grandes sacrificios, no fuera que lo costoso de estos actos te disculpe de cumplirlos. Acepta las humildes bondades, que el gusto y la ternura que les siguen nos convidan a otras mejores. El Kempis dice: "Tentación es la vida del hombre sobre la tierra. El fuego prueba al hierro, y la tentación, al justo." Yo te digo: Toda la vida del hombre es un sacrificio, y se asusta cuando se le impone estrictamente alguno. Después de todo, el sacrificio es una virtud resolutoria. ¿Que no puedes poseer lo que apeteces? Sacrifícate a no tenerlo. Luego ¿deberá aceptarse el sacrificio más a sabiendas y pronto para que sus provechos se ocasionen antes? Dejemos a los sacrificios con sus desabrimientos y dolores, y así, y por lo menos, serán sacrificios, y el hombre tendrá que agradecerse algo y que ofrecer a Dios, ya que nunca se le ofrecen los goces. Y si los sacrificios no fueran soluciones, que sean siquiera un sufrimiento, y serán algo, aunque no sean afirmativamente nada.»

... ...

¡Era verdad! Todo pasaba volando después de haber pasado. Pero ¿y antes de pasar? En las delicias y en las adversidades pocos escapan de decirse: «¡Eso no lo pude gozar! ¡Esto no no lo podré resistir! Pues aguardemos, y dentro de algunos años, diez, quince, veinte años, todo se habrá derretido.» Escondida tentación de mujer: ¿Es aquélla? ¿Es esta mujer? (¿Pensaría entonces Don Magín en Doña Purita?) Ella tiene treinta años, y yo cincuenta. ¡Dentro de veinte más! Todo pasa, inclusive lo que no pasó.

> *Pues que vemos lo presente*
> *que en un punto se es ido*
> *y acabado,*
> *si juzgamos sabiamente,*
> *daremos lo no venido*
> *por pasado*

¿También lo no pasado lo daremos por pasado? Todo pasa. ¿Todo? Pero ¿qué es lo que único y precisamente pasará sino lo que fuimos, lo que hubiéramos gozado y alcanzado? Y si no pudimos ser ni saciar lo apetecido, entonces, ¿qué es lo que habrá pasado? ¿No habrá pasado la posibilidad desaprovechada, la capacidad recluida? ¿Y no quedará de algún modo lo que no fuimos ni pudimos, y habremos pasado nosotros sin pasar? Dolorosa consolación la de tener que decir: «Todo pasa, si morimos con la duda de que no haya pasado todo: la pasión no cumplida, la afición mortificada....» (*OL*, pp. 1059-61)

Este monólogo interior de Don Magín resume el tema subyacente de la novela: la frustración desesperanzada de los personajes como resultado de sus vidas desperdiciadas, según pasa inevitablemente el tiempo. Una utilización humorística del monólogo interior la tenemos en la escena donde se rompe la pecera (*OL*, pp. 116-117)

Los pensamientos de Pablo corren en el fluir de la conciencia cuando visita de nuevo el Palacio episcopal al que no había vuelto desde hacía muchos años:

> Pisó una losa rajada que le salían hormigas. La losa del hormiguero que miró y tocó cuando llegaba de la mano de Don Magín. Nueve años sin acordarse de ella. Pero de la mano de Don Magín pasó por esta claustra el día que lloraba el confesor del Obispo. ¡Después de todo, no hacía tanto tiempo! Se lo dijo para que callase su pensamiento que le propuso: «¡Si no te contentases con mirar las oficinas!» Estaban abiertas siendo domingo. «¡Si fuese al lado del enfermo.....!» Olor viejo de escritorio; sol en un rodal de estera, en una bisagra de armario. «¡Si no te impacientases por salir al huerto y buscar la puertecita del río...! ¡Si yo no hubiese venido!» Y tuvo que inclinarse para pasar la bóveda olorosa. Le daban en las mejillas y en los hombros los follajes doblados del peso de los limones. Dormitorio de María Fulgencia, de candidez de virgen y de flor de limón. Fruta que acercó sus manos, su risa, su boca..... La espalda, el pecho, la garganta de ella siempre con fragancia de su limonero. Y en el aire parado de este árbol, como el *suyo*, se derretían y se volatilizaban los aceites balsámicos de la carne padecida, carne del hombre puro que le miraba. (*OL*, p. 1044)

La utilización que Miró hace de la elipsis en su técnica narrativa puede ser apreciada en este fluir de pensamientos aparentemente sin relación entre sí. La correlación se consigue sutilmente mediante percepciones sensoriales: la visión de las hormigas que salen de debajo de una piedra evoca el paso del tiempo según Pablo recuerda experiencias pasadas. La segunda percepción sensorial, el perfume de los limones, consigue la asociación con la voluptuosa María Fulgencia, pero también evoca la presencia del Obispo, el hombre puro que gusta de sentarse bajo los limoneros; de esa manera se insinúa la lucha interior en la conciencia de Pablo. El mismo proceso del fluir de la conciencia es evidente en algunos pasajes de la carta de María Fulgencia a Paulina:

> Le vuelvo la espalda a todo el caserón porque me pongo en la ventana para mirar el huerto; todo lo miro muy bien; voy contando los limones que han salido en una rama, o las veces que acude la misma abeja al mismo albaricoque, o rompo papeles y los dejo ir para ver los trocitos que caen dentro de la acequia y se van a caminar por el agua, y yo me digo que estoy muy distraída, que al miedo me lo dejé perdido por la casa tan grande, y que no soy precisamente yo la preocupada y la temerosa. (*OL*, p. 1052)

El monólogo interior y la técnica del fluir de la conciencia, así como la visión interna de los personajes dada por el autor omnisciente, son instrumentos en el desarrollo de la estructura de la novela. El autor puede proyectar la sofocante atmósfera de Oleza a través de las frustraciones interiores de los personajes al mismo tiempo que fortalece su caracterización. La visión interna de los personajes es frecuente en el transcurso de la novela, incluso en los personajes menores, tal como el de Doña Corazón cuando comienza a discutir la reclusión de Paulina en casa de los Galindos; el patetismo de la aparente resignación de la viuda aparece en una de aquellas visiones interiores de su mente, durante una pausa en la conversación:

> Peor fue su silencio para Doña Corazón, porque en él quedó meciéndose y devanándose todo el relato y la burla de su matrimonio; y en ese silencio se recortaban los desgraciados contornos de su cortedad..... (*NP*, p. 871)

Wayne Booth señala la creación de conmiseración a través de la visión interna: «We have seen that inside views can build sympathy even for the most vicious character. When properly used, this effect can be of immeasurable value in forcing us to see the human worth of a character whose actions, objectively considered, we would deplore.....[8]

---

[8] Booth, p. 378.

Esto es aplicable a Don Alvaro, que provoca nuestra compasión cuando se nos da una visión de sus conflictos interiores. Al monólogo interior y al soliloquio comentados anteriormente, Miró añade su propio comentario mirando desde dentro del personaje y así podemos ver el crispante remordimiento de Don Alvaro y el atroz miedo de que su falta sea descubierta: «Había estado escondiéndose su secreto; un secreto tendido como un cadáver a lo largo de su corazón. Y, en verdad, se trataba de un cadáver que el hijo del «Miseria» destapa con sus ojos.... ¡Eso era lo horrible: tener que convivir interiormente a solas con el otro!» (*NP*, p. 873) La relación entre Don Alvaro y Paulina también se expresa en visiones interiores. Cuando Don Alvaro va al *Olivar* en busca de su perseguidor, Cara-rajada, recuerda su idilio con Paulina y sus fracasos como marido brotan dentro de su conciencia. El esposo austero y riguroso, «hombre rígido y puro» (*NP*, p. 874) se nos presenta súbitamente como un hombre impotente y atormentado: «Una llaga ardiente le devoraba hasta los huesos, imaginando a Paulina casada con un hombre joven, apasionado y hermoso.» (*NP*, p. 879) La clave de su tragedia interior es su «pasada juventud atormentadamente virginal.» (*NP*, página 879) En una ocasión, Paulina, febril y enferma, se ha vestido con las ropas que ha encargado para la festividad de fin de curso y para su prevista vacación con su hijo en *El Olivar*. Llaman a Don Alvaro para apaciguar a su excitada esposa, y repentinamente le poseen los celos y la frustración:

> ¡Tan hermosa! Se paró delante de ella, mirándola. La claridad de la tarde la esculpía en las sedas negras y ligeras que le palpitaban por la brisa del río y se le ceñían a su cuerpo; palidez dorada de sol de junio que le glorificaba los cabellos, los ojos con el goce de sí misma; se embebía de luz su boca de flores húmedas y sensuales en su castidad. Toda hermosa, pero de una hermosura apasionada y nueva; un principio de plenitud de mujer que se afirmaría y existiría muchos años más, cuando él fuese alejándose por los resecos caminos de la senectud. Nunca había poseído ese cuerpo de mujer en su mujer. Y la miraba con rencor, amándola como si Paulina perteneciese a otro hombre. Se inclinaba todo él a la caricia desconocida y brava. Y otro Don Alvaro huesudo y lívido le sacudió con su grito llamando al médico. (*OL*, pp. 995-96)

50

Por otra parte, la vida insatisfecha y malgastada de Paulina aparece también en la visión de su mente. Durante la corta visita de Máximo Lóriz en las fiestas de Semana Santa se siente observada por él y sus pensamientos vuelan al pasado:

> Y otra vez se remontó para ella el vuelo de los años hacia el horizonte de su virginidad. Otra vez la imagen súbita de sus bodas con aquel hombre. Pero en medio se alzaba el hijo. El hijo no sería según era trocando su origen. Se le perdía la profunda posesión de Pablo, sintiendo en él otro hijo, es decir, otro padre. Este hombre, con quien podía haber sido dichosa, era él, en sí mismo, menos él que Don Alvaro, tan densamente Don Alvaro. (*OL*, p. 973)

Las frustraciones de Paulina se mitigan, sin embargo, por el amor a su hijo. Si se hubiera casado con Máximo, su hijo no sería Pablo. Más tarde, cuando el autor revela otra vez los pensamientos de Paulina, la vuelta al pasado se contempla desde un presente distante, haciendo hincapié en el inmerecido patetismo de su vida:

> Toda la vida de Paulina se arrodillaba en esta noche del entierro del Señor. La luna de esta noche, la misma luna tan grande, que iba enfriándole de luz su vestido, sus cabellos, su palidez, su vieja casa de Oleza, mojó de claridad el manto y la demacración de María y la roca de la sepultura del Señor.
>
> Como su hijo, ella también se sentía penetrada de las distancias de los tiempos. Evidencia de una pena, de amor, de una felicidad que se hubiera ya tenido en el instante que se produjo y en que nosotros no vivíamos. Sentirse en otro tiempo y ahora. La plenitud de lo actual mantenida de un lejano principio. Iluminada emoción de los días que nos dejan los mismos días antepasados y conformados y que han de seguir después de nuestra muerte. (*OL*, página 982)

El hijo de Paulina, Pablo, como personaje más joven, siente el ambiente opresor de Oleza más apasionadamente, como nos lo revela una visión interior:

> Penetraba en casa de Pablo ese río de oración, más clamoroso que el Segral. A lo lejos, era de tonada de escolanía, de pueblo infantil que, no sabiendo qué hacer, conversaba afligido con el Señor. Y, ya de cerca articulado

concretamente el rezo en su portal, por cada boca, sentía Pablo un sabor de amargura, de amargura lívida. Alzaba los ojos al cielo de su calle. De tanto ansiar se reía de su desesperación; y palpaba su risa. Tocaba sus gestos como si tocase su alma desnuda. Vivía tirantemente. El júbilo de las vacaciones se le quedó seco y desaromado. *(OL,* página 1020)

Ese sofocante ambiente es tan ajeno a su viva naturaleza que se siente abrumado por un efluvio de desolación:

> Se cansó de la ribera, y desde la sala, de un ambiente de recinto ajeno, contempló el cerrado palacio de Lóriz. Jardín de claustro; caricia de los sofás, de los aromas, de las sedas; las risas de las primas de Lóriz... todo iba recordándolo como prendas suyas desaparecidas que no supo tener. Y ahora venía el agobio del invierno en su casa, y el palacio de Lóriz sin nadie. *(OL,* p. 1025)

Después de haber probado las delicias del amor con María Fulgencia, su consciencia oscila entre la simple absorción de la naturaleza con quien María Fulgencia parece estar unida panteísticamente, y su culpa, que entonces confiesa al Obispo. *(OL,* p. 1045) Al llevar a cabo esta visión interna de sus personajes, Miró ha despertado la simpatía del lector por estas vidas desperdiciadas: por la trágica figura de Don Alvaro como el héroe que se martiriza a sí mismo; por Paulina y Pablo, atrapados en las rígidas convenciones de la opresiva Oleza, y en la órbita de Don Alvaro.

La idea de vidas malgastadas es un tema que se repite en *Nuestro Padre San Daniel* y en *El obispo leproso.* Paulina, María Fulgencia, Pablo, también Don Magín, en cierto sentido, e incluso Don Alvaro, están todos ahogados por la sofocante atmósfera. El efecto dañino y asfixiante de una religión mal entendida no sólo causa una atrofia en el desarrollo de la vida instintiva, sino también afecta por la sofocante atmósfera creada. Estas vidas en otras circunstancias podrían haberse desarrollado normalmente sin ese complejo de culpa y sin el fuerte sentimiento de vacío que las posee. La novela tiene un señalado sentido de tragedia que brota cuando nos son patentes esas vidas malgastadas, y este «sentido de lo trágico» es expresado por Miró elípticamente, en forma de tácita evaluación.

Hemos observado que Miró mantiene la ilusión de lo inmediato mediante diferentes métodos: la utilización amplia de dramatización o diálogo, la técnica del fluir de la conciencia y los soliloquios y monólogos interiores. Y aún emplea otro método narrativo consecuente con su meta: la perspectiva limitada del punto de vista restringido, o la realidad vista a través de los ojos de un personaje cada vez. Como dice Mendilow «The modern novelist will usually use one or more of three ways for cheating the reason of the reader and encouraging his imagination to lose itself in time: the dramatic method, the lavish use of dialogue, and the restricted point of view.» [9] Miró utiliza también este método en función de la estructura de la novela, puesto que esto le permite expresar la opinión de los personajes sobre su adhesión a rechazo a las ideologías que prevalecen en la dividida Oleza. Por ejemplo, Don Alvaro es visto por Don Daniel con reverencia extrema como si fuera un ser sobrenatural: «Presentado Don Alvaro, se le deshizo la mohina a Don Daniel. Ya no hizo sino mirarle y atenderle. Ese hombre equivalía al príncipe.» (*NP*, p. 811) Su descripción de Don Alvaro influye en Paulina, que se lo imagina como un cruzado ideal: «Escuchándolo se imaginaba Paulina un guerrero de las Cruzadas, ferviente de religión y de amor, gentil y devoto. Le veía con túnica blanca y cota de oro, venera de fuego en el costado y casco y lanza de lumbres de victorias.» (*NP*, p. 815) Pero cuando do Don Alvaro visita por segunda vez *El Olivar* y ella le ve por vez primera, tiene su propia impresión del héroe:

> Alzó la doncella los ojos, y vio una frente huesuda y helada, unas cejas tenaces, un mirar hondo que llameaba con la luz de las sublimes causas y una barba demasiado tendida y austera, más de fray que de galán caballero. Pero la mirada, la mirada de ese hombre la estremecía temerosamente. Era miedo lo que la dejaba, un miedo inefable de la felicidad. Y esos ojos que contenían tantas emociones bajaban como una gracia a su vida oscura de señorita lugareña... (*OL*, p. 815)

En esa ocasión oímos también a Jimena, ama de llaves del *Olivar*, dar sus impresiones sobre Don Alvaro. Cuando duda sobre la conveniencia de que Don Alvaro

[9] Mendilow, pp. 109-110.

comience su vida de casado a los cuarenta, es severamente reprendida por Don Daniel, que la llama solterona, y la descalifica por tanto para ser juez en tales materias. Ella replica entonces: «—¡Amén, señor, amén mil veces, que yo no dejaría de serlo por unas barbas de hermano limosnero y unos ojos de Nuestro Padre el *Ahogao*, buenos para que les teman las descaradas y les recen las honestas; hombre de altar y no de amorío...!» (*NP*, p. 816) Pero Don Daniel insiste en su visión contraria: «¡Como los de Nuestro Padre San Daniel los ojos de don Alvaro! Y el hidalgo pensó conmovido en esa semejanza. ¡Héroe, augusto y santo!» (*NP*, p. 816) Mucho más tarde, en *El obispo leproso*, Jimena corrobora su primera impresión de Don Alvaro a Don Magín: «¡Más puro y rígido el Dios de Don Alvaro que el mismo Don Alvaro! ¡Ay Don Magín, y qué Dios tan terrible! ¡Dios nos libre de ése!» (*OL*, p. 961) Cuando Cara-rajada confiesa su crimen a Don Magín, dice de Don Alvaro: «¡A ese hombre lo siento en mi frente como una maldición de Dios!» (*NP*, p. 833) Don Magín, por su parte, expresa una opinión diferente de Don Alvaro: «Yo no soy amigo de Don Alvaro, ni ganas. ¿Qué es Don Alvaro? Casi me apena creerle un hombre honrado, un hombre puro; pero de una pureza enjuta; no puede sonreír; parece que se le haya helado la sangre bajo la piedra que fué hecho, según dijiste.» (*NP*, p. 838)

La hermana de Don Alvaro, Elvira, también es imaginada por Paulina: «Se la imaginó muy delicada y niña.» (*NP*, p. 843) Don Alvaro la describe como «sufrida y denodada como una santa.» (*NP*, p. 844) Pero cuando Paulina se la encuentra por casualidad mientras inspecciona su futura residencia:

> Gritó de miedo, porque una mano seca y nerviosa le apretaba la cintura, y hallóse delante de Elvira, que la miraba toda. Alta, enjuta, inquieta; se le retorcían las ropas con un movimiento de sierpe; sus dientes blanquísimos, un poco descarnados, le asomaban en una sonrisa casi continua, que se le enfriaba tirantemente sin animar sus mejillas de polvos agrietados. Le relucía el cabello, lacio y negrísimo, como si lo tuviese bañado; cansaba la inquietud de sus ojos, y su voz apasionada se le rompía de acritud. (*NP*, p. 848)

Paulina ve sus ojos como «unos ojos negros, calientes de un afán, de un acecho insaciable, que, aun mirando muy fijos, semejaban removerse. Recorrían a Paulina con una exactitud que le comunicaban todo el tránsito de la mirada por su cuerpo.» (*NP*, p. 849) La opinión de Don Daniel sobre Elvira queda expresada el día de la boda de Paulina y Don Alvaro: «Don Daniel la miraba, y mirándola se asustó porque de tan casta le parecía una mala mujer; de tan casta de pensar constantemente en el pecado para aborrecerlo, semejaba que se le quedaran sus señales.» (*NP*, p. 853)

Las opiniones de Don Daniel sobre Don Alvaro cambian en el transcurso de la novela. El día de la boda, Don Alvaro ya no le parece un héroe de sangre real, Don Daniel, demasiado tarde, comienza a estar de acuerdo con el juicio de Jimena: «Enfrente, su hija, callada y pálida; Don Alvaro, con las manos enclavijadas sobre su junco, manos de cera como las de un exvoto de Nuestro Padre, y aun parecidas a las del mismo santo, las manos y los ojos, según descubrió un día la Jimena ....» (*NP*, p. 854) Mira a su hija sentada al lado de su marido y, como un presagio, la imagen de la niña enferma y febril le viene a la mente: «Ahora le evocaba la hija chiquita, enferma de fiebres, esquilada como un recental....» (*NP*, p. 854) Doña Purita ve a Don Alvaro, también, como un hombre extremadamente puro y austero: «—La frente de Don Alvaro está rota por un pliegue como una herida abierta desde su alma. ¿Qué será ese hombre, que el hijo tutea a la madre y a él le habla de usted? ¡Hombre puro que siempre tiene a Dios en su boca! ¡Dios de Don Alvaro, Dios de Doña Elvira!» (*OL*, página 960) Elvira ha intentado difamar a Doña Purita, comentando sus intentos para atraer la atención del conde Lóriz apareciendo desnuda en el balcón. Purita reconoce los celos que Elvira tiene de cualquier mujer hermosa y dice: «Yo no sé por qué las flacas, las feas, las de piel verdosa y ardiente como las Elviras.... Pues yo no sé por qué las Elviras se enfurecen tanto de que las que no lo somos nos guste vernos, a la luna, blancas y hermosas.» (*OL*, p. 958) Elvira sólo es vista con respeto y admiración por su propio hermano. Don Alvaro le dice: «¡Eres para mí más que un hermano valeroso y grande!» (*NP*, p. 876) Lo que piensa de ella después de su crisis erótica no nos es revelado.

La opinión de Don Alvaro sobre Paulina y el patetismo de su trágica virtud, son revelados en una visión interior cuando recuerda su época de novios:

> Siempre le esperaba Paulina bajo los rosales y la vid del aljibe; y al mirarse, ella temblaba como una rama tierna toda de flor. Sumisa, casta, inclinada, como una sierva de un templo delante del ara y del sacerdote. Don Alvaro bendecía con terribles anhelos a Dios. Dios le había escogido, le había predestinado para guarda y salvación de aquella vida primorosa. (*NP*, p. 879)

Después del nacimiento de Pablo, Don Alvaro sufre, contemplando la inalcanzable femineidad de Paulina en su pleno desarrollo: «Toda tan hermosa, que Don Alvaro padecía sospechándola deseable para todos los hombres. Siendo de otro, ahora comenzaría para *ése* el exaltado goce de la mujer en la revelación de todas sus delicias.» (*NP*, p. 903) La presentación de este limitado punto de vista es evidente a través de toda la novela, permitiendo que los personajes desarrollen el juicio que les merecen los otros.

Finalmente deseamos señalar las opiniones que mantienen sobre Purita, una figura discutida en Oleza, dos miembros de ideologías opuestas, Don Magín y Elvira. Cuando Don Magín visita a la familia Lóriz a su vuelta a Oleza, comenta sobre Purita:

> Tienen las mujeres días en que parecen, o son de veras, más guapas que nunca. Purita los tuvo y los tiene tan admirables, que hasta semeja emanar la belleza y la gracia de su vida, esparciéndolas más allá de su persona. Yo le he oído y lo he pensado algunas veces viéndola en su ventana: «¡Madre, mía, cómo está hoy esa mujer!» ¡Todo en ella, cada instante de su cuerpo, coincidiendo para la perfección, respirando hermosura! (*OL*, p. 944)

Para Don Magín, Purita, que ha permanecido soltera a causa de la circunstancia olezana, aparece como «Eva deseando escaparse del Paraíso, todo un paraíso de manzanos sin un primer hombre siquiera.» (*OL*, p. 975) Al principio de la novela Elvira expresa su opinión sobre Purita, cuando ésta sólo tiene diecisiete años. Mientras Doña Corazón espera noticias de Paulina, que desde su boda ha sido sustraída al panorama olezano por la familia Galindo, Elvira comienza a divulgar chismes malignos sobre sus «enemigos». De Purita dice: «¡Déjese de diecisiete cuando se tienen pechos y caderas de nodriza de treinta años! ¡Un escándalo de carne; no se puede ser buena teniendo de ese modo lo que tiene! Aunque yo le juro que si fuese mi sobrina había de salir a la calle más lisa que Don Amancio.» (*NP*, p. 870) Purita se va haciendo mayor y *Las Catalanas*, Elvira y *la Monera* al verla, «sentían un frío de horror voluptuoso. ¡Esa criatura se perdería sin remedio! ¡En cambio, ellas, no; ellas, nunca! Podían presenciarlo todo desde su honradez.» (*NP*, p. 902) Durante la visita funesta que Doña Corazón hace a los Galindos, Elvira ataca a Don Magín, haciendo frente a la defensa que le hace la pobre viuda:

> ¿Que Don Magín, no? ¿Es que ni siquiera ha reparado usted cómo Don Magín tiende su mano para que se la besen? ¡Se le eriza toda la piel! Yo he de respetarle por su ministerio, aunque me cueste olvidarlo todo. ¡Pero lo de la mano! Fíjese cuando lleve la mano a la boca de una mujer. Asusta porque parece que vaya a quedarse cogida de la garganta o de las mejillas. ¿Que no? No me explico la simplicidad de usted. (*NP*, pp. 870-871)

Es, pues, a través de estas opiniones mutuas, cómo la división de Oleza, columna vertebral de la estructura de la novela, se nos hace presente. Este método ayuda a reforzar el juicio del autor sobre los personajes. Como indica Mendilow, este método es también una ayuda para engañar el razonamiento del lector, para crear la ilusión de lo inmediato; además se debe notar que en muchos de los limitados puntos de vista citados anteriormente, Miró utiliza el presente como tiempo verbal.

En la técnica mironiana, el autor sólo aparece abiertamente algunas veces. Esto corrobora el principio creativo de la intensidad de ilusión de la realidad. El autor sólo es dramatizado tres veces: dos, cuando especifica que ha leído los manuscritos olezanos (*NP*, p. 781; *OL*, p. 918; véase también capítulo I, p. 37), y otra, cuando describe el templo de San Daniel, donde aparece de nuevo en primera persona: «Y no contaré los hacheros, candeleros, vinajeras... y ágatas.....» (*NP*, p. 785) Consecuente también con el principio de intensidad de ilusión de la realidad, el autor hace raras apariciones. Surge detrás de comentarios filosóficos o moralizantes, como en el debate público sobre la felicidad de Paulina:

Almas acendradas, almas de Dios, logran no entristecerse por las alegrías del prójimo; pero el ajeno infortunio les comunica un irresistible prurito de administrarlo. Se quiere gobernar los pensamientos y obras del desdichado, sus gestos, sus palabras, sus lágrimas, su vestido, todo su dolor, toda su vida de luto. Y no comportándose como esas almas piensan que vivirían ellas, sienten un desencanto difícil de perdonar, no se lo explican. (*NP*, p. 904)

En una ocasión el autor comienza un capítulo con:

Es difícil no toparse alguna vez con el éxito. Si no llega por el camino real, viene por el atajo. Si caminamos muy despacio, él nos esperará sentándose en una piedra. Bien puede suceder que nosotros corramos tanto que le pasemos, y entonces, como no nos podemos parar, él no nos puede alcanzar. (*OL*, p. 989)

En otra ocasión rubrica su presencia con un comentario entre paréntesis cuando Don Magín está meditando sobre los conceptos de tiempo y placer, una intrusión bastante irónica: «(¿Pensaría entonces Don Magín en Doña Purita?).» (*OL*, p. 1060) Es un hecho indiscutible que el autor, como autor, apenas aparece en la narrativa mironiana, dejando que algunas veces hile la trama un narrador que no se presenta abiertamente; otras, que la narren las opiniones de los múltiples personajes. Por lo tanto, podemos concluir con seguridad que la ilusión del narrador invisible es creada por Miró a través del constante cambio de punto de vista, la mezcla de narración y diálogo y la técnica elíptica de la narrativa, en la que el dialogante no es anunciado y en que abundan irrupciones de exclamaciones repentinas. Cuanto menos visible es el narrador, más profunda es la ilusión de la realidad. Utilizando la técnica del fluir de la conciencia, los monólogos interiores, el diálogo extensivo y los puntos de vista limitados, Miró crea la ilusión del presente. Este último método le permite también reforzar la estructura de la novela mostrando la polarización de los personajes. Y aún más: podemos asegurar que Miró no ha escogido solamente una técnica elíptica en la estructura narrativa (como hemos visto en los ejemplos), sino también en la presentación de temas, como lo demuestra el sentido de la tragedia implícito en los monólogos interiores, y la poderosa división estructural que existe en Oleza, como la expresan las opiniones de los diferentes personajes. Resulta evidente entonces que estos aspectos de su técnica narrativa siguen diestramente una línea de insinuación secundada por elipsis.

B. Estilo único

1. *Manipulación de los tiempos verbales.*

En relación directa con las técnicas orientadas hacia la ilusión del presente, encontramos que la manipulación de los tiempos verbales es un método que se convierte en una característica de la narrativa mironiana. Miró traiciona abiertamente su preocupación sobre la manera de utilizar los tiempos verbales cuando, refiriéndose al martirio, dice: «La inminencia del verbo en tiempo presente encrudecía la óptica de los martirios.» (*OL*, p. 1030) Siguiendo el cambio brusco de narración a diálogo nos encontramos con el cambio repentino del imperfecto o pretérito al presente, o del imperfecto al pretérito. Un ejemplo de esta técnica aparece al principio del capítulo titulado «Consejo de familia.» (*OL*, p. 915) Comienza con una descripción de las actividades en la casa de los Lóriz en imperfecto, que repentinamente irrumpe en una frase en presente: «Don Alvaro y sus amigos también la miraban desde la reja del escritorio. En la pared, donde colgaba un trofeo y un retrato del "señor" desterrado, se estampaba el escandaloso resol de una vidriera de los Lóriz. De allí salía, como una fuente musical, la risa de la condesa. "¡Pero cuándo se irán!", *clama* Don Alvaro.» (*OL*, p. 915) (El subrayado es mío.) La acción, imprecisa en el tiempo, queda entonces fijada por este brusco cambio de tiempo verbal. El mismo efecto es evidente en *El obispo leproso*, que comienza con una descripción en pretérito, se convierte en imperfecto y cambia repentinamente a presente, emplazando la acción en un inmediato «ahora»:

Pablo les contaba los sobresaltos de su madre, el recelo sombrío de su padre, los berrinches de tía Elvira, la vigilancia de Don Cruz, de Don Amancio, del padre Bellod, ayos de la casa.

—¡Y yo casi todas las siestas me escapo por el trascorral!

—¡Te dejan que te escapes!

Y Don Magín se lo llevó a la tribuna del órgano. (*OL*, página 911)

El proceso se repite cuando Don Alvaro hace su visita de costumbre al colegio de Jesús, que se relata en imperfecto, pero en donde un imprevisto salto al presente produce la impresión deseada de proximidad:

En llegando Don Alvaro a Jesús, le subían al aposento del rector sin espera en la sala de visitas. El rector dejaba su estudio, su recreo, su oración, acogiéndole con apenada sonrisa. Hundía la pinza del tabloncillo de su puerta en el epígrafe «Ocupado», y al regresar delante del crucifijo para elevarla con súbita firmeza, ofreciéndose a todos los dolores. Porque no temía el dolor, sino el error.

—¡Quien adivinara el término de la jornada! ¡Amigo y dueño: nosotros llevamos siempre la cintura ceñida, y no traemos alforja ni muda!

Otra sonrisa, de prudencia y de renunciación, rubricaba su faz.

Callaba Don Alvaro. Callaba siempre, con su ceño hundido y los ojos puestos en sus manos de estatua de sepultura. (*OL*, p. 1021)

Como se ha dicho anteriormente, algunas veces el cambio del tiempo verbal pasa del imperfecto al pretérito o viceversa, creando la peculiar técnica mironiana saltante, que estudiamos con detalle en el capítulo «Acción Elíptica». Este método es visible en las escenas entre Don Alvaro y «el padre rector» (*OL*, pp. 1021-22), una parte de ellas citadas líneas atrás y en las primeras páginas del capítulo titulado «Estampas y Graja», (*OL*, pp. 1026-27) donde la acción salta a la vez que los tiempos verbales. Es patente en las escenas en el Palacio Episcopal en que intervienen mosén Orduña y Cararajada (*NP*, p. 859) y cuando Pablo y el Obispo se encuentran por primera vez (*OL*, pp. 912-13); también resulta evidente cuando el futuro de Pablo es decidido por el «consejo de familia». (*OL*, p. 916) Incluimos un último ejemplo para mostrar cuán obvio puede llegar a ser este método mironiano. Cuando se comenta en las tertulias la llegada de Monseñor Salom, el narrador informa: «Lo repetían, lo comentaban en el despacho de Don Alvaro. Elvira sentábase un momento para escuchar, salía y *reapareció*, dejando un suspiro. Ni ella ni su hermano podían cuidarse de fiestas.» (*OL*, p. 993) El brusco cambio al pretérito, cuando estamos esperando el imperfecto, fija la acción en el tiempo y alerta la atención del lector.

2. *Peculiaridades estilísticas.*

Una de las peculiaridades predominantes en Miró es su tratamiento informal de la sintaxis. Desprecia a menudo los nexos gramaticales y utiliza una sintaxis elíptica donde el verbo y el artículo desaparecen con frecuencia, acentuando, sin embargo, el sustantivo. El énfasis en la sentencia nominal se considera una característica del impresionismo literario; sin embargo, deseamos clarificar que no nos proponemos encasillar a Miró dentro de ese movimiento. Simplemente señalamos que utiliza lenguaje impresionista, si se acepta esta discutible clasificación. Amado Alonso y Raimundo Lida niegan la existencia de lenguaje impresionista, concluyendo en su estudio «El impresionismo lingüístico»:

> El lenguaje mismo no puede ser impresionista. Vossler, muy satisfactoriamente, habla de cómo el carácter impresionista puede «llevar a ciertos tipos de orden de palabras y de formas oracionales...»; pero no es acertado invertir los términos y suponer que esos u otros tipos sintácticos a que lleva un carácter impresionista, sean ellos mismos impresionistas, pues otros caracteres no impresionistas llevan asimismo a los mismos giros lingüísticos. Cada giro lingüístico de los señalados como impresionistas porque se les halla al servicio del impresionismo (entiéndase éste como se entienda) puede también hallarse al servicio de no importa qué *ismo*.[10]

Joaquín Casalduero afirma también que Miró no es un escritor impresionista, pero que se aproxima al cubismo: «Pero la cuestión es que en la obra de Miró

---

[10] En Charles Bally et al., *El impresionismo en el lenguaje*, 2ª ed. (Buenos Aires, 1942), pp. 262-263

tampoco hay nada impresionista.» [11] Analizando esta última opinión, el profesor Edmund King señala:

One of the striking features of Miró's style is the use of sentences in which the verb is buried in a mass of substantives or omitted altogether so that sentences consist only of subjects, a technique often labeled *impressionism*. As Professor Joaquin Casalduero has shown, Miró's intention is quite different from that of the so-called literary impressionists, who believed that experience was of fleeting moments that impressed themselves on one's organs of sensation and were gone. Professor Casalduero identifies Miró with the expressive intent of the cubist painters, who, beginning with Cézanne, bluntly opposed the subjective skepticism of the impressionists and sought in their own painting to reaffirm the objective reality, the «thereness» the thickness, the yellowness, the depth, the texture, the solidity of their subjects. In painting, the ultimate consequences of the view were pictures that brought out the ideal geometric forms latent in the subjects, and, since this pictorial quality is far from anything that can be done with words, the term *cubist*, suitable as it is for labeling pictorial characteristics, seems ill-suited for designating literary qualities. But Casalduero is surely right in his identification of the expressive intent—for which the term *substantialism* might be borrowed from philosophy.... The effect of density, of substantiality, is achieved by the relative absence of verbs and by the use mostly of prepositional phrases instead of simple adjectives and adverbs, a device that necessarily increases the weight of substantives in the prose.... [12].

Nuestra opinión es que ciertas características que se pueden identificar como impresionistas son evidentes en el estilo de Miró, pero que él no intenta verter su forma de expresión en moldes de ninguna escuela literaria. Como veremos en el transcurso de este estudio, rompe con el arte narrativo convencional en su esfuerzo por conseguir la ilusión de la realidad. Los ejemplos de densidad en su narrativa, presentes en descripciones que utilizan una sintaxis elíptica, son numerosísimos en las obras que estamos estudiando, como ejemplifican los pasajes que nos dan una visión de Oleza:

---

[11] *Estudios de literatura española* (Madrid, 1962), p. 222
[12] Introduction to *El humo dormido*, pp. 47-48

Las ventanas del salón de estudio, de par en par. Azul de mediodía estremecido y madurado de azul; anchura cortada por la rotonda de la enfermería; la torrecilla y las dos setas de cobre del reloj con sus mazuelos, que cada cuarto de hora se apartan tirantemente y tocan lo mismo que en los días angostos, lo mismo que siempre. Un trozo de monte plantado de viña; los naranjos, los olmos, la noria y las tapias de casa; la llanada de las huertas de Oleza, una curva del río; sierras finas, de color caliente..... (*OL*, p. 1007)

Otras veces, el paisaje estacional y el clima de Oleza se retratan en una visión sintética, donde la sinestesia y las frases preposicionales de sintaxis elíptica se utilizan como principales instrumentos de comunicación: «Verano de calinas y tolvanero. Aletazos de poniente. Bochornos de humo. Tardes de nubes incendiadas, de nubes barrocas, desgajándose del horizonte, glorificando los campanarios de Oleza.» [13] (*OL*, p. 1019) A través de este estilo elíptico de sus descripciones, Miró logra la evocación de la realidad presentándola al lector de una manera acumulativa, como una compacta visión del mundo. En su intento por crear la ilusión de una visión completa ignora los nexos sintácticos, considerándolos adornos disruptivos de la continuidad. Se esfuerza por mostrarnos la realidad como la percibe simultáneamente con todos sus sentidos; pero ya que es imposible lograr tal impresión total en moldes lingüísticos, crea la ilusión de una visión completa a través de la densidad de expresión, libre de obstrucciones sintácticas. Raymond Vidal, que ha hecho un estudio exhaustivo del estilo de Miró, dice: «Miró recherche avant tout la concision, qui est le plus sur garant de la fermeté du style, de sa densité et ainsi de son relief. Elle ne résulte pas forcément de phrases courtes, mais de phrases qui renferment le maximun de pensée dans le minimum de mots et de recours syntaxiques.» [14]

La utilización por Miró de un vocabulario extensísimo y exacto persigue el principio de lo conciso en la expresión. En las novelas que aquí estudiamos encontramos una riqueza de vocabulario que pertenece al ambiente agrícola de Oleza y a los ritos litúrgicos. Conse-

---

[13] Para más ejemplos de esta técnica, véase Apéndice A.
[14] *Gabriel Miró: Le Style Les Moyens d'Expression* (Bordeaux, 1964), página 183.

cuente con este principio de fidelidad de expresión en la creación de la ilusión de realidad, Miró concede gran valor a la palabra en sí misma. En *Glosas de Sigüenza*, Miró revela su teoría referente al poder de la palabra:

> La palabra es la misma idea hecha carne, es la idea viva transparentándose gozosa, palpitante, porque ha sido poseída. Quien la tuvo hallóse iniciado y purificado para merecerla, y padeció y fue dichoso. Pasa, después al lector, tan casta y verdadera, que percibe como la emoción inicial, y si también tiene preparada su alma, se apodera de la idea desnuda y madre de todas las evocaciones que en su regazo hierven como un dulce y sagrado abejeo, y le parece que llega a la suprema bienaventuranza de crear al lado del autor.[15]

En el curso de la narrativa que estamos analizando, Miró expresa claramente su preocupación por «la palabra» como la unidad más alta de la expresión: «La palabra era la más preciosa realidad humana.» (*OL*, p. 945)[16] Otro ejemplo de esta preocupación por «la palabra» aparece cuando Pablo piensa en María Fulgencia después de su primer encuentro y la imagina pronunciando palabras: «Cuando saliesen los palomos de su terrado a volar por las huertas, ella los vería y pronunciaría: palomos, aire, sol... Así se afanaba Pablo en pensar y regalarse con las palabras que María Fulgencia tuviera en sus labios, como si le tomase una miel con los suyos.» (*OL*, pp. 1036-1037)

Miró muestra una habilidad notable para evocar una idea precisa con una palabra; el texto abunda en sustantivos y verbos que en sí mismos comunican una imagen o metáfora completas. La palabra en manos de Miró despliega momentáneamente una cualidad sincrética que hace innecesarias descripciones o explicaciones de más amplitud. El significado es comunicado en una expresión plena y compacta y en un estilo elíptico. Los ejemplos de esta habilidad artística son demasiado numerosos para que puedan ser incluidos por entero en este estudio, pero seleccionaremos algunos. Cuando Don Daniel recibe inesperadamente la visita del Obispo, la carga emocional de su reacción nos es dada por un verbo: «—¡Su

---

[15] 2ª ed. (Buenos Aires, 1952), p. 118.
[16] También cita esto mismo Vidal como epígrafe a su capítulo «La Langue: Vocabulaire et Syntaxe». p. 66.

Ilustrísima!—, balbució el hidalgo *rompiéndosele* la voz de tanta alegría.» (*NP*, p. 840) [17] Doña Corazón escucha las calumnias de Elvira: «El seno con un *tumulto* de angustia.» (*NP*, p. 870) Durante la inundación, que inflama las hostilidades de la dividida Oleza, los residentes de San Ginés se congregan en su colina: «Se *agusanó* la peña de menadores, de lañadores, de corrioneros, de polvoristas, de mendigos.....» (*NP*, p. 892) Cuando los sucesos de la revuelta concluyen con el cambio de las condiciones atmosféricas y se detiene la inundación, la repentina transición se describe: «Una hoz de sol poniente acababa de *rebanar* una costra del nublado.....» (*NP*, p. 896) Los ademanes de la pechugona señora Monera mientras escucha las fechorías de los seminaristas se reproducen de la siguiente manera: «Y la señora Monera *estrujaba los corcovos* de espanto de su pecho.» (*OL*, p. 971) [18]

Ricardo Gullón ha observado la función sincrética de la metáfora en Miró y hace notar: «En la novelística mironiana las metáforas no amortiguan la marcha de la narración. Más bien sirven para avivarla, reduciendo *a un solo término expresivo*, a un choque fulgurante, lo que de otra suerte exigiría análisis minucioso.» [19] (El subrayado es mío.) Este último juicio es ilustrado por expresiones tales como: «La sala, enfundada en una *blancura tiesa*» (*NP*, p. 851), o «El latido del reloj de la tienda se quedó *comentando* la soledad de la señora.» (*NP*, p. 867) En estas situaciones, Miró crea con un mínimo de palabras una atmósfera congelada y una impresión de tremenda soledad. Para expresar el retraso mental de la hermana de María Fulgencia, Miró sólo necesita una frase sustantiva: «A los seis años fue sumergiéndose en una *quietud de larva*.» (*OL*, p. 930) Empleando el mismo sustantivo, pero en otra combinación maestra, connota la adormecida tienda de Doña Corazón: «La tienda de Doña Corazón siempre tenía sueño y *quietud de archivo*.» (*OL*, p. 954) La tendencia calumniosa y malévola de los comentarios de Elvira acerca de la vida íntima de los olezanos es expuesta en una imagen

---

[17] Subrayamos la palabra pertinente en cada expresión.
[18] Para ver la utilización adicional de sustantivos y verbos que expresan una imagen o metáfora completa, remitimos al Apéndice B.
[19] *La invención del noventa y ocho y otros ensayos* (Madrid, 1969), páginas 124-125.

metafórica: «Como si soltara los vendajes de un cuerpo llagado.....» (OL, p. 952) [20]

Queda bien demostrado, por lo tanto, que a través del texto la palabra en sí misma y la metáfora mironiana poseen una calidad artística sucinta, desplegando cierta forma de elipsis donde queda ausente el análisis, precisamente a causa de la exactitud de la palabra o imagen. Cuando este estilo sucinto es yuxtapuesto al modo lento de la narración, y, en general, al pausado tiempo de la novela, emerge un gran contraste. Los repentinos fulgores de la expresión denotan que Miró es un artista de lo inesperado, como si a través de estos brotes extemporáneos hiciera surgir un dinamismo en un marco funcional que de otra manera sería casi estático.

En un análisis de la técnica narrativa mironiana no podemos ignorar otra característica distintiva: la atención al detalle y su cuidadosa repetición en una forma de leitmotif dentro de la estructura de la novela. El autor, con su precisión acostumbrada, menciona minucias tales como las «zapatillas» de Don Daniel, procurando recordarnos en cada ocasión que han sido bordadas por su prima, Doña Corazón. (NP, pp. 790-867.) El candelero de Elvira, extrañamente adornado con una perdiz disecada, es citado seis veces en el transcurso de las dos novelas, y se convierte en su posesión característica, lo mismo que las zapatillas de Don Daniel. La presencia del ayudante del Obispo en *El obispo leproso* está siempre indicada por una señal característica: unas gafas distintivas (para los ejemplos, véanse las páginas 1018-1050). Al describir los terrenos del Palacio Arzobispal en *Nuestro Padre San Daniel*, un árbol, un «terebinto», regalo de una familia peregrina de los Santos Lugares» (NP, p. 859) es mencionado y citado de nuevo en *El obispo leproso* con una estilística meticulosa cuando el padre Ferrando es sostenido frente a él por un caritativo hermano: «Lo apartó, lo arrimó al balaustro de un arco, frente al terebinto que trajo de Palestina una piadosa familia romera.» (OL, p. 1024) Al final de la novela, cuando Pablo visita los terrenos de palacio, la presencia del árbol como leitmotif se hace nuevamente

---

[20] Para más ejemplos de la función sincrética de la metáfora, véase el Apéndice C.

evidente: «Los gorriones que brincaban por las cornisas y se espulgaban en la rama cimera del terebinto.....» (*OL*, p. 1043) El cambio de apariencia física de Don Amancio —cuando se dejó barba— se recuerda cuidadosamente y se cita: Don Magín dice a la condesa Lóriz: «¡Ay, señora, que se ha dejado la barba!» (*OL*, p. 943) Elvira lo comenta después en una de sus tertulias: «¡Qué saber de hombre! Desde que se dejaba la barba parecía más mozo: una barba lisa hasta el pecho, una barba preciosa de color de azafrán....» (*OL*, p. 952) La barba, como característica del aspecto de Don Amancio, interviene en la narración cuando María Fulgencia le conoce: «¡Quítese usted eso, esa barba, por Dios!» (*OL*, p. 1026)

La técnica del leitmotif se aplica a expresiones y acciones. Las frases características de Don Cruz y del Deán son, respectivamente: «¡Es usted un ángel!» (*NP*, p. 852; *OL*, pp. 917, 918) y «¡Ni más ni menos!» (*OL*, pp. 931, 939, 1035) El callado amor de Don Vicente Grifol por Doña Corazón queda registrado en los pequeños golpes de bastón que da al pasar frente a su casa (*NP*, pp. 796, 798); el Obispo aparece siempre asociado al gesto cinético de sus manos en un movimiento de elevación; y Monera, con su ademán nervioso de abrir y cerrar su reloj. La atención que se presta al detalle en la narración no sólo se refiere a leitmotifs y a temas reiterativos, sino que se extiende a todos los aspectos de la narrativa descriptiva y al tratamiento de la ironía y el humor (véase capítulo VI).

Podemos concluir que las peculiaridades más distintivas en la técnica de Miró son: su mezcla de narración y diálogo; el repentino cruzarse de los puntos de vista, que tienden a esconder al autor omnisciente, y la frecuente ausencia de información sobre quien está hablando en el diálogo en curso. Esta ausencia de información referente al punto de vista desde donde la escena está siendo observada confirma una técnica elíptica en la narración. La misma técnica de elipsis puede ser detectada en los ejemplos cuando el correr del pensamiento se expresa a través del método del fluir de la conciencia; de una manera sutil entonces se pone el contenido elípticamente en relación a través de percepciones sensoriales. Más aún, las visiones internas y los monólogos interiores dan elípticamente a luz el tema de la frustración en la novela, lo que hemos llamado «sentido de lo trágico». Recíprocamente, el punto de vista limitado es utilizado funcionalmente para mostrar en forma elíptica el marco estructural de división en la novela. Además la sintaxis mironiana es a menudo elíptica, dejando a un lado verbos y artículos y acentuando sustantivos. Las metáforas e imágenes son frecuentemente sintéticas y se dedica gran atención a los detalles, tanto en descripciones y acontecimientos como en leitmotifs temáticos secundarios.

III. ELEMENTO TEMPORAL Y CRONOLOGIA ELIPTICA

Normalmente se acepta como un hecho que el arte de Miró es tan sólo accesible a una minoría. Desde luego no es un escritor fácil de leer, como ya dijimos previamente. Al igual que muchos autores modernos, ha eliminado el tratamiento inveterado de secuencia y causalidad empleando técnicas elípticas en ambos aspectos retóricos. Aunque hay continuidad en los diferentes episodios de las novelas que están bajo estudio, la cronología de los acontecimientos se da a través de un proceso en el que el autor juega a una especie de «escondite» con el lector; este último debe ser capaz de encontrar los puntos de referencia que reconstruyan la cronología de los hechos. Es esta faceta del arte narrativo de Miró la que estudiaremos en este capítulo, aunque al hacerlo tengamos que viviseccionar una hermosa obra de arte.

A. A. Mendilow, con su útil estudio *Time and the Novel*, ha ayudado al crítico a distinguir entre los valores temporales de la ficción. Explica cómo en la ficción el autor, el personaje y el lector son emplazados cada uno en su propia progresión temporal, y que cada una de estas progresiones sobrelleva una sensación particular de duración. La relación entre ellas, implícita o explícita, existe siempre, y juega una parte importante ayudando o impidiendo la identificación del lector con el personaje o los personajes en cuestión. Esta identificación requiere que el lector efectúe una trasposición del pasado al presente de la ficción. Según se procede con la lectura, los acontecimientos parecen estar ocurriendo «ahora» en lugar de haber ocurrido «ya»; ocurren en el presente del lector. Esto provoca el olvido del «ahora» actual sustituido por el «ahora» ficticio de la novela, según y cómo la lectura arrastre a cada lector.[1]

En *Nuestro Padre San Daniel* y *El obispo leproso* la localización temporal del escritor es el fin del primer cuarto del siglo xx; la localización temporal de la acción de la novela es el último cuarto del siglo xix, y la localización temporal del lector es ahora, el último cuarto del siglo xx. El éxito de una novela reside principalmente en el equilibrio que el escritor mantiene entre las localizaciones temporales de los tres elementos retóricos mencionados. No sólo debe efectuar el lector un paso imaginativo del pasado de la ficción al presente, sino que también debe transportarse desde su propio presente cronológico a un pasado novelesco. Este cambio debe ser efectuado expertamente por el autor para que la novela pueda tener éxito. Nos atrevemos a decir que tanto *Nuestro Padre San Daniel* como *El obispo leproso* son novelas bien logradas porque mantienen tal equilibrio. Hemos visto (en el capítulo I) cómo el lector queda completamente inmerso en el clima y localización temporal de la novela a través de una impresión ambiental profunda y multifacética.

Hay otros valores que considerar en la novela, tales como la duración cronológica de la lectura y la duración cronológica de la continuidad de la trama de la novela o tiempo ficticio. La relación entre esos valores provoca problemas de técnica en el ritmo, textura, selección y continuidad de la novela.

La duración cronológica de la trama en *Nuestro Padre San Daniel* y *El obispo leproso* cubre aproximadamente veinte años, distribuidos desigualmente en la acción. Las dos primeras partes de *Nuestro Padre San Daniel* cubren un número indefinido de años, ya que están dedicadas al trasfondo histórico (que arranca del siglo xvi), al marco físico y a la introducción de los personajes. Son una sucesión de episodios comenzados

---

[1] A. A. Mendilow, *Time and the Novel* (Deventer, Holland, 1952), páginas 236-237.

in medias res sin introducción o referencias al calendario ni a escenas precedentes o futuras. El tiempo se rige por el calendario litúrgico con énfasis en las festividades de los santos patrones de la ciudad y la víspera de San Pedro, pero no se establece ninguna referencia cronológica.[2]

En la parte tercera de *Nuestro Padre San Daniel* se añaden referencias a estaciones climatológicas a las del calendario litúrgico. El nuevo Obispo llega en un día «de verano.» (*NP*, p. 206) Sin embargo, la referencia temporal de este episodio no aparece sino doce páginas más adelante, cuando sabemos que se trata del 7 de junio. (*NP*, p. 818) Esta es la primera fecha concreta de la novela, y a partir de ella se puede reconstruir la elíptica continuidad cronológica. Don Daniel piensa: «En este junio se le acumularon los días felices. El día 7 llega el señor Obispo; el 13 viene don Alvaro; el 15 asiste al chocolate del Círculo de Labradores; el 17 visita el "Olivar"; el 18 come en el "Olivar".» (*NP*, p. 818) Previamente sabíamos tan sólo que Don Alvaro había llegado un lunes: «Presentóse en lunes, día de mercado.» (*NP*, p. 811) Ahora se nos informa, y siete páginas más adelante (*NP*, p. 818), en el siguiente capítulo, que ha llegado seis días después del nuevo Obispo. El autor parece intentar una distorsión de la cronología. Cuando Don Alvaro es presentado como «El enviado» en la primera parte del tercer capítulo (*NP*, p. 811), su entrada está precedida por un preámbulo: «Los días también rodaban encima de Oleza. El nuevo Obispo ya semejaba antiguo... Pero algo más fuerte que el poder del tiempo, tiempo todavía corto, envejeció las cosas de la diócesis. Y fue la llegada de un caballero de Gandía....» (*NP*, p. 811) Aunque el autor menciona un «tiempo todavía corto», la impresión general es que ha pasado mucho tiempo desde la llegada del Obispo.

A partir de este momento se acelera el ritmo de la novela y los acontecimientos se suceden uno a otro en un corto tiempo novelesco. Don Alvaro conoce a Paulina el 18 de junio cuando es invitado a cenar por Don Daniel al «Olivar», cinco días después de su llegada. (Estamos haciendo el cálculo de fechas según la declaración de

---

[2] Para una continuidad cronológica de *Nuestro Padre San Daniel*, véase el Apéndice C.

71

Don Daniel en la página 818.) Es la víspera de la festividad de San Pedro, que cae el 28 de junio, cuando Don Daniel se entera de que Don Alvaro desea casarse con Paulina, lo que ocurre tan sólo diez días después de haberla visto por primera vez. Con la ayuda de estas referencias a las estaciones y al calendario litúrgico podemos establecer el tiempo novelesco hasta el final de la novela, que cubre dieciséis meses, hasta la víspera de Todos los Santos, el 1.º de noviembre del año siguiente. Los acontecimientos pueden ser reconstruidos como sigue: durante el verano, Don Alvaro pide formalmente la mano de Paulina, en la famosa escena «Prometidos» (véase el capítulo IV de este estudio). No hay referencias temporales, pero un comentario sobre el clima nos ayuda a determinar la estación. El Obispo pasa en su coche y sufre un síncope por el calor de la hora de la siesta: «Un familiar asomóse pidiendo agua y que les dejasen servirse del camino de Nuestro Padre para rodear menos, porque al señor Obispo le dio un desmayo del bochorno de la siesta.» (*NP*, p. 840) Las actividades agrícolas también indican que es verano: «En el silencio de reverente intimidad se oía el cántico de la virgiliana luminosa de la trilla....» (*NP*, p. 841)

La siguiente referencia al calendario es la boda: «Fue en el alba del 24 de noviembre, día de San Juan de la Cruz.» (*NP*, p. 853) En el capítulo anterior, que trata de la vivienda escogida por Don Alvaro y Paulina, el tiempo no se puede determinar específicamente, ya que no hay referencias. Puede ser cualquier época posterior a la petición y anterior a la boda.

Los episodios principales después de la boda ocurren entre este punto de referencia y la festividad de San Daniel en julio. Contamos con otro dato en el diálogo de Doña Corazón y Elvira con ocasión de la visita a los Galindos para saber las causas de la reclusión de Paulina y el consiguiente abandono de su padre. Doña Corazón dice: «He venido a verla, ya que mi sobrina no sale. Ni sale ni se asoma a su portal. Lo dice todo Oleza.» Elvira contesta: «¡Huy! ¿Y qué quiere usted que hiciera su sobrina en el portal? ¡Dios nos libre! ¡Y a los cuatro meses y medio de casada!» (*NP*, p. 869) Esto debe ocurrir hacia la mitad de abril, ya que la boda tuvo lugar el 24 de noviembre.

Otra referencia al calendario nos permite emplazar

la muerte de Don Daniel en el mes de junio siguiente. Cuando el doctor, Don Vicente Grifol, visita a Don Daniel, Doña Corazón y Jimena «miraban hacia la alcoba rubia de sol de junio.» (*NP*, p. 881) Siguiendo la cadena de sucesos, Don Daniel muere antes de la inundación, que ocurre la víspera de San Daniel, el 20 de julio.

Jimena nos da la clave para establecer la fecha del nacimiento de Pablo. Cuando intenta dar esperanza y ánimo al moribundo Don Daniel, que desespera ya de poder ver al nieto, dice: «Si el nieto llegará para la Virgen de septiembre. ¿Aún se apura más? ¡Bendito, y qué crío es usted!» (*NP*, p. 883) No se nos informa qué día de septiembre es el de la Virgen a la que hace referencia, pero puede que se dé por sabido en una comunidad católica. Otra referencia al calendario litúrgico, la *Víspera de Todos los Santos* (*NP*, p. 904), el 1.º de noviembre, cierra el último capítulo de la novela, cuando Pablo tiene casi dos meses.

Habiendo establecido el encadenamiento de estos sucesos, que ocurren durante dieciséis meses, desde el 7 de junio de un año al 31 de octubre del siguiente, podemos regresar a los capítulos precedentes, más ambiguos, de la primera mitad de la novela. Como ya hemos indicado, el tiempo novelesco de las dos primeras partes de *Nuestro Padre San Daniel* no puede ser determinado. Hay una parte, sin embargo (parte primera, capítulo tres, «El casamiento de Doña Corazón y una conocida anécdota del marido», *NP*, p. 794), que debe ser analizada, porque muestra la técnica saltante o elíptica mironiana en forma muy clara. Nos referimos a la primera y casi desapercibida presentación de Cara-rajada (el hijo del tendero Miseria) cuando tan sólo es un aspirante a soldado carlista y, consecuentemente, todavía no ha adquirido su apodo: «Escondido entre los sacos, asistió a la contienda el hijo del mercader, un redrojo pajizo, de manos heladas y pupilas ardientes, que siempre escuchaba las gestas facciosas con la encendida ansia de imitarlas en que se abrasó Teseo oyendo las empresas de Alcides.» (*NP*, p. 798) Eso es todo lo que sabemos de Cara-rajada hasta la llegada de Don Alvaro a Oleza. Don Daniel asiste a las vísperas de San Pedro, el 28 de junio, y en la catedral escucha las quejas de la mujer de Miseria, que es la amortajadora de la ciudad:

¡A mi hijo no le quiere nadie en el pueblo! ¡En el pueblo no hay otro hijo que pase más dolor que mi hijo! ¡Le da un mal y se revuelca como un endemoniado! ¡Yo he visto que las criaturas le huyen! ¿Que usted no lo recuerda? Tiene la cara atravesada por una herida como el costado de Dios. ¡Ve cómo sí lo sabe usted! ¡Se le recuerda como al Señor por lo que ha padecido por los hombres!..... A mi hijo también le hirieron los hombres y por los hombres que tampoco le quieren. A todos hablo, y no le socorren. (*NP*, pp. 819-20)

Después, cuando Cara-rajada aborda a Paulina para rogarle que no se case con Don Alvaro, los oscuros hechos que rodean al hijo del tendero comienzan a esclarecerse. Paulina recuerda que alguien le dijo una vez: «Ese es Cara-rajada, el hijo de Miseria y de la amortajadora. Estuvo en la facción; después caminó muchos países, como un perro tiñoso.» (*NP*, p. 823) Sólo dos capítulos y once páginas después (*NP*, p. 833) la concatenación de los acontecimientos de su vida pueden ya establecerse, permitiendo al lector rellenar las omisiones de la primera parte de la novela. Es a través de una confesión de Cara-rajada a Don Magín que conocemos su biografía: le cuenta el horrendo crimen cometido, aprobado implícitamente por Don Alvaro, causa de su epilepsia. Lo que nos interesa aquí, sin embargo, son las omisiones y los puntos cronológicos de referencia. Cara-rajada dice a Don Magín: «Escapó el padre, pero lo que es el hijo... ¡Y a don Alvaro se lo debe!... *Aún estaría usted en el seminario* cuando vino la partida de Lozano. Todas las puertas se abrieron para alojarla. Yo vi que mi madre cosía sus ahorros y alhajas dentro de cabezales de harina y de zurrones de pastor, y que los fue sumergiendo en el río y atando las sogas a las estacas de las presas. Lo subí todo antes del amanecer y se lo regalé a la causa... Yo me entusiasmé más... Me junté con la facción.» (*NP*, pp. 833-834) (Los subrayados son míos.) El detalle que nos importa de esta información es que, mientras todo esto ocurría, Don Magín era todavía seminarista. Estos acontecimientos completan el «flash-back» de treinta y seis páginas anteriores (parte primera, capítulo tres) que se intercala entre dos capítulos escritos en el presente novelesco. Las omisiones en el «flash back» incluirían la muerte del tendero Miseria, la llegada de la partida carlista de Lozano y el entusiasmo de Cara-rajada al unirse a la causa carlista que le lleva a robar a su padre, dejando a su madre en la pobreza más absoluta. En este «flash-back», el hijo del tendero es tan sólo mencionado como personaje marginal de un episodio en la vida del ex marido de Doña Corazón. (*NP*, p. 798)

Después de la primera referencia al calendario (*NP*, p. 818), no es seguro cuánto tiempo transcurre entre los episodios o capítulos, excepto en los casos en que un hecho sucede a otro inmediatamente, en el mismo día, como en los capítulos cuarto y quinto de la parte tercera, y capítulos cuarto y quinto de la parte cuarta. Aparte de estos casos, sólo nos podemos guiar por las estaciones climatológicas o por el calendario litúrgico.

A las omisiones en la continuidad o técnica cronológica elíptica, Miró añade ambigüedades uniendo el pasado con el presente hasta que todo se convierte en presente. Consigue este efecto dando descripciones del pasado que parecen parte del presente novelesco y cambiando los tiempos del pretérito al imperfecto y al presente (véase sección sobre «Estilo único»).

Puesto que la duración del tiempo novelesco que cubren las novelas varía en sus diferentes partes, ritmo y textura varían concomitantemente. El ritmo es generalmente lento por las muchas descripciones del marco físico, y los personajes se presentan en una forma deliberadamente lineal. Se detecta mayor rapidez cuando en la acción converge un mayor número de sucesos. Tenemos un ejemplo de esta aceleración en el capítulo que acabamos de estudiar (parte primera, capítulo tercero), donde hay un episodio de suspenso en la historia del capitán de Manila y Don Vicente Grifol. Al final del capítulo el autor utiliza un recurso de escorzo para acortar: los padres y el marido de Doña Corazón son rápidamente eliminados con una frase. Esto implica una aceleración del ritmo después de que todo el capítulo ha tratado del episodio de las píldoras envenenadas. Siguiendo la introducción del hijo de Miseria, que estaba escuchando la discusión entre el marido de Doña Corazón y Don Vicente Grifol, el autor termina con los personajes mencionados: el hijo de Miseria: «Se hizo desde entonces escucha del derrotado capitán y luego buscaba a Don Vicente para decirle las venganzas que aquél se prometía, y murió sin cumplirlas. [Se refiere al capitán.] Murió devorado por las bubas de sus vicios. Murieron después los Motos, dejando a la hija heredera del obrador de cirios y chocolates.» (*NP*, p. 798)

El ritmo también se acelera ligeramente en la segunda mitad de la novela, y la textura se hace más densa. Don Alvaro aparece, se casa con Paulina, Don Daniel muere, Cara-rajada se ahoga durante la inundación, Don Magín es herido, y nace Pablo. Debemos considerar que todos estos acontecimientos cubren la mayor parte de la duración cronológica de la lectura, noventa y seis páginas, comparada con la primera mitad que consta tan sólo de treinta páginas. La diferencia entre las dos partes reside más en la textura que en el ritmo, ya que la acción está siempre penetrada de la característica lentitud mironiana.

Entre *Nuestro Padre San Daniel* y *El obispo leproso* hay un lapso cronológico de cinco años en sus fechas de publicación. El lapso novelesco entre ellas sólo puede ser imaginado. El único punto de referencia es la edad de Pablo en el primer capítulo de *El obispo leproso*, y es difícil determinarla. Sabemos que todavía no está en edad escolar, y puesto que efectúa incursiones en la huerta obispal, debemos suponer que tiene por lo menos cinco años. El período que media se hace aún más ambiguo por un «flash-back» en el relato, o cambio temporal, cuando el Obispo recuerda los sucesos de cierta tarde en el pasado: «Una tarde que llovía, tarde de las Animas, pasabas con tu madre por la ribera. Ibais los dos llorado.....» (*OL*, p. 913) No hay referencia al calendario o a una estación climatológica que nos ayude a determinar el paso del tiempo. Algunos párrafos después, el «flash-back» en el relato se amplía, cuando el cambio temporal se efectúa en el recuerdo de Pablo:

> Poco a poco la tarde recordada por el prelado se le acercó hasta tenerla encima de su frente, ... Tarde de las Animas, ... La casa se rajó de gritos del padre.... Cuando el padre y tía Elvira se fueron, las campanas sonaron más grandes. Le buscó su madre; .... Después la madre y el hijo salieron por el postigo de los trascorrales.... Caminaban entre árboles mojados, rojos de otoño. Pablo agarróse a una punta del manto de la madre, prendido de llovizna....
> Ella no pudo resistir su congoja, y cayó de rodillas. Una mano morada trazó la cruz entre la niebla, y ellos la sintieron descender sobre sus frentes afligidas.... (*OL*, p. 914)

Un hecho es seguro: Pablo es capaz de recordar el pasado con exactitud, así es que tal vez tenga más de cinco años, posiblemente. [Es probable que el lapso de composición entre las novelas coincida con el novelesco].[3]

Comenzando con el capítulo segundo de *El obispo leproso*, podemos determinar el tiempo novelesco utilizando la edad de Pablo como referencia. De la misma manera que en *Nuestro Padre San Daniel*, los calendarios litúrgico y climatológico nos ayudan en la reconstrucción cronológica. En el segundo capítulo se decide que Pablo sea enviado interno al colegio de los Jesuítas. Hay una referencia cronológica cuando Paulina comenta que Pablo no tiene aún ocho años: «Pablo no ha cumplido ocho años.» (*OL*, p. 918) Entre los capítulos primero y segundo hay una elipsis en la continuidad cronológica que puede cubrir desde un día a tres o cuatro años.

La continuidad de la novela se mantiene a través de una serie de cambios o retrocesos en el tiempo y la utilización de la técnica del fluir de la conciencia. Este último recurso permite al autor distribuir la continuidad a través de la memoria asociativa de los personajes.

El «flash-back» al pasado se emplea para informar sobre los acontecimientos que se refieren a la familia Lóriz. En el segundo capítulo se informa al lector que se han marchado de Oleza poco después del nacimiento de su hijo Máximo, que ha ocurrido en la misma fecha que el de Pablo, y que vuelven, por poco tiempo, todos los años en abril. (*OL*, p. 915) Puesto que Pablo y Máximo son coetáneos, las circunstancias que se refieren a la familia Lóriz sirven para fijar la continuidad cronológica.

En la Parte Segunda, la novela retrocede en el tiempo varias veces; luego avanza varios años casi hasta el final de la ficción. Nos apercibimos de este avance sólo al término de la novela, cuando el protagonista y su contrafigura se encuentran y se dan cuenta de que tienen la misma edad. Esta Parte Segunda trata por entero de la vida de María Fulgencia, con sólo dos alusiones marginales a Pablo. La primera alusión ocurre cuándo María

---

[3] Para una reconstrucción de la continuidad cronológica de *El obispo leproso*, véase el Apéndice E.

Fulgencia llega al convento de la Visitación para recluirse y recobrarse así de su encaprichamiento por la estatua del Angel de Salcillo. La trae al convento su protector, el deán de Oleza: «Asomó en la zancajera del coche un pie, un tobillo, un vuelo de falda... y rápidamente se escondió dentro de la berlina. Venía una brigada de colegiales de "Jesús", *la primera brigada, la de los mayores.* (El subrayado es mío.) Se oyó un grito de la señorita de Valcárcel. "¡El Angel!" El señor deán se revolvió consternado. "Con galones de oro y fajín azul... ¡El último de la izquierda! ¡Es el Angel!" El pastor de la *Visitación* le dice: "¡Ese es Pablito, Pablito Galindo, hijo de Don Alvaro, Don Alvaro el que se casó con Paulina, la dueña del "Olivar de Nuestro Padre"! Pasaron al locutorio de la Visitación, y quedóse María Fulgencia entre las madres, que la besaban llorando y riendo.» (*OL*, páginas 937-38)

El detalle de que Pablo sea miembro de «la primera brigada, la de los mayores» (*OL*, p. 397) nos alerta sobre el repentino salto de varios años en la continuidad cronológica, habiendo sido Pablo mencionado la última vez como un chico travieso en el colegio de los Jesuítas. (*OL*, p. 924) La segunda vez que se alude a Pablo no hay información referente a la cronología. Esa noche antes de irse a la cama María Fulgencia pregunta a la abadesa: «¿Pablo Galindo? ¿Quién es Pablo Galindo?» (*OL*, página 938) Unicamente a través de la unión de Pablo y María Fulgencia al final de la novela nos damos cuenta de que esta parte ha sido un paréntesis en la continuidad cronológica y una trama paralela en la historia.

Los primeros dos capítulos de la Parte Segunda son, por consiguiente, «flash-back» en la vida de María Fulgencia y su tutor, el deán. La continuidad de la novela se mantiene rellenando algunos vacíos que quedan en la acción de *Nuestro Padre San Daniel*. La acción se transfiere al episodio de la boda de Doña Corazón con el sobrino del deán:

> Presentósele en su casa un sobrino aventurero, capitán de tropas de Manila, lleno de ruindades y deudas. Comprendió el deán que ni su amor ni su consejo podrían enmendarle. Las cosas y los hombres eran según eran. Aceptada la premisa, no era ya menester el ahinco de los remedios.... Entre las mujeres de dulces prendas, con casa

de crédito y bienestar, ninguna en el pueblo como Corazón Motos, que heredaría un obrador de chocolates de seis muelas. Y el bigardo del sobrino dejó al canónigo por seguir a doña Corazón. (*OL*, p. 928)

Sabemos también que el deán reemplaza al Obispo de Córdoba hasta la llegada del nuevo Obispo, y que está moralmente endeudado con la «noble casa de Valcárcel» (*OL*, p. 929) por haberle ayudado durante sus estudios y en la consecución del deanato. Desde aquí hay otro cambio temporal en la acción que entra en la vida del padre de María Fulgencia, Don Trinitario Valcárcel, y los extraños episodios de su muerte —sólo aparente— y resurrección. La vida de María Fulgencia sale entonces a la luz: su crisis en la niñez por la muerte de su hermana, retrasada mental, la muerte de sus padres y el idilio con su primo Mauricio. Ninguno de los acontecimientos, sin embargo, llevan referencia cronológica en la concatenación de sucesos. La cronología es particularmente elíptica en el desarrollo del idilio entre la huérfana y su primo, cuyo padre, «tío Eusebio», es cónsul en Burdeos:

Apareció tío Eusebio con la esposa casi nueva, una dama bordalesa, que hablaba un español delicioso y breve... «Voilà, Fulgencia. ¡Aquí tienes a Ivonne-Catherine!» ... «¿No me preguntas por Mauricio y Javier?» «¿Mauricio y Javier?» «Mis hijos» ¡Primos tuyos! ¡Claro!... ¿Has visto, Ivette, qué primitiva cabellera?» ...*Y otro verano* vinieron Mauricio y Javier. Semejaban extranjeros de tan parados y tan rubios.... estrenaron uniformes de cadetes de Caballería. De tarde, paseaban por el viejo jardín de María Fulgencia... Mauricio siempre sonreía mirando a Murcia; ....
Contemplándole y oyéndole, recogía su prima una promesa de felicidad.
Y después. Después ya no vinieron hasta que Mauricio lució insignias y galas de teniente.
María Fulgencia estaba más descolorida, y sus cabellos negros, más frondosos... *Aquel invierno*, Mauricio le escribió despidiéndose. Se marchaba lejos. Viaje de estudio, estudio comparativo de los más grandes ejércitos de Europa. (*OL*, p. 932)[4]

----

[4] He subrayado las expresiones que demuestran lo ambiguo de la cronología.

María Fulgencia contrae entonces el tifus. Su protector, el deán, la visita «doce jueves.» (*OL*, p. 933) El doceavo se recobra completamente. Tío Eusebio y familia reaparecen en escena y la edad de María Fulgencia se menciona por primera vez: tiene diecisiete años. (*OL*, página 934) Su encaprichamiento con el Angel debe ocurrir inmediatamente después. Ve entonces a Pablo, a quien toma por el Angel. Desde este momento el ritmo de su vida se acelera, deja el convento, se casa con Don Amancio, encuentra a Pablo con sus diecisiete años en la academia del marido, y se relacionan románticamente. No hay ninguna referencia cronológica más, aunque los jóvenes amantes parecen tener la misma edad. Pablo exclama cuando la conoce: «¡La mujer de Don Amancio!..... ¡Si es usted como yo! ¡Y yo tengo diecisiete años!» (*OL*, p. 1033) Se citan los pensamientos de María Fulgencia: «¡Ahora, Señor, ahora se le aparecía de verdad su "Angel"!.... "¡Es usted casi como yo, y yo tengo diecisiete años!" Y repitiéndoselo volvía a mirarle confiada. El aparecido lo había pronunciado con alegría infantil. Era de una adolescencia pálida y hermosa; .....» (*OL*, p. 1033)

Para demostrar que la Parte Segunda de la novela es un paréntesis para hacer converger las vidas paralelas del protagonista y su contrafigura, nos hemos visto obligados a avanzar también hasta el final del tiempo novelesco. Después de este progresivo «aparte», la Parte Tercera vuelve al período de la novela donde comenzó la historia. La familia Lóriz ha vuelto a Oleza después de ocho años para enviar a su hijo al colegio de los Jesuítas. La Condesa dice a Don Magín: «¡Ahora, Don Magín, acaba usted de verle a mi marido los ocho años que han pasado encima de nosotros!» (*OL*, p. 939) Pero Don Magín: «volvióse a la de Lóriz, y la proclamó más perfecta en su gracia que cuando, recién casada, vino a Oleza.» (*OL*, página 939) Debemos recordar que el hijo de los Lóriz tiene la misma edad que Pablo.

La edad de otro personaje ayuda a determinar el tiempo novelesco que cubre la Parte Tercera, en cuyo último capítulo el narrador habla de Purita: «Su plenitud de treinta años le trajo el doña....» (*OL*, p. 957) A través de un cálculo matemático llegamos a la cifra de cinco años para el tiempo novelesco cubierto en esta parte: la última vez que la edad de Purita se menciona es cinco meses antes del nacimiento de Pablo, y entonces tenía diecisiete años; Doña Corazón visita a los Galindo para enterarse respecto a la reclusión de Paulina, y Elvira dice: «¿Y qué quiere usted que hiciera su sobrina en el portal? ¡Dios nos libre! ¡Y a los cuatro meses y medio de casada!» (*NP*, p. 869) Puesto que Paulina y Don Alvaro se casaron al final de noviembre y Pablo nació en septiembre, esta escena tiene lugar en abril, cinco meses antes del nacimiento de Pablo. En el curso de la conversación, Elvira incluye el nombre de Purita en la lista de mujeres depravadas, y Doña Corazón exclama: «¿Purita? ¡Pero si Purita cumplió ahora los diecisiete!» (*NP*, página 870) Es obvio que han pasado trece años entre esta conversación y el comentario de Don Magín (en el último capítulo de la Parte Tercera del *OL*), ya que al principio de la Parte Tercera, Máximo Lóriz, que tiene la misma edad que Pablo, ocho años, entra en el colegio.

Como he dicho anteriormente, ocasionalmente, la técnica del fluir de la conciencia se emplea para producir la continuidad, y en esta parte de la novela (Parte Cuarta) también muestra una visión interna de la oscura relación padre-madre-hijo. Un episodio del pasado que ha causado una fuerte impresión en la sensibilidad de Paulina surge en su mente mientras se encuentra en la iglesia el Jueves Santo:

... el Señor estaba tendido y desnudo delante del Monumento, entre los reclinatorios de la vela del Santísimo. Paulina le miraba los filos de hueso que le salían por la gasa morada: la nariz, las rodillas, los dedos alzados de los pies. Le buscó las uñas, las uñas azules del cadáver del Señor... Y llevóse a la boca su pañolito, que tenía manchas de sangre seca. Veía a su hijo, muy pequeño, con ella y Don Alvaro. Don Alvaro, todo de negro, rígido y aciago. Se acercaba al Monumento. Fue en esta hora tan buena del principio de la tarde. Los únicos pasos, los suyos en las losas de la catedral. El niño tuvo miedo y buscó el arrimo de la madre. Sintióse caer un lagrimón del cirio en una arandela. Crujió la falda de Paulina entre los dedos del hijo. Se arrodilló Don Alvaro, encorvándose para besar los pies llagados de la imagen, y en seguida su mano empujó a Pablo: «Bésalos», y Pablo cayó encima de las uñas del muerto. Ella lo recogió, enjugándole la boca con un lenzuelo de encajes, el mismo pañolito que todos los años traía en la vela del Jueves Santo. Lo aspi-

raba reverenciando aquella sangre viejecita como si fuese
de las heridas de los pies de Jesús... (*OL*, p. 968)

Es casi imposible determinar la secuencia cronológica en la Parte Cuarta de la novela, aparte del hecho de que los episodios ocurren antes del dieciseisavo cumpleaños de Pablo. En los capítulos que incluyen las ceremonias de Semana Santa, hay dos referencias temporales basadas en la pasada relación de Paulina y Máximo. Cuando se encuentran el Jueves Santo, Máximo dice: «¡Hace dieciocho años, Paulina, que no nos hablamos! Era usted soltera. He visto a su hijo en el colegio. Lo he llamado para verle y besarle.» (*OL*, p. 971) Esta referencia se acentúa cuando Paulina se transporta de nuevo a través de un monólogo interior: 'Pudo haber sido la mujer de ese hombre.' Acaba de verse, toda virgen, tan blanca, en el viejo reposo del 'Olivar de Nuestro Padre.' Pudo ser su mujer. Pudo ser de ese hombre que descansaba en el silencio de la casa de Oleza como si se tendiese el amor.... «Ya llevaríamos diecisiete años casados desde entonces...» (*OL*, p. 972) Hay, sin embargo, disconformidad entre la declaración de Máximo y los pensamientos de Paulina. La cronología parece distorsionada caprichosamente, ya que la posibilidad de que los amantes se equivoquen parece poco probable. En cualquier caso, las fechas parecen estar cuidadosamente entremezcladas. No sabemos cuánto tiempo pasa entre la partida de Máximo y la boda de Paulina con Don Alvaro, ya que éste es el primer comentario abierto sobre el idilio de Paulina y Máximo.[5] Aún así sabemos que Paulina ha estado casada con Don Alvaro *por lo menos* catorce años (ya que establecimos la edad de Pablo, trece años, en la Parte Tercera) y *por no más* de diecisiete años, si se hubiera casado inmediatamente después de la marcha de Máximo. Esto coincide cronológicamente con la edad de Pablo establecida casi en diecisiete años al principio de la siguiente Parte Quinta.

El último capítulo de la Parte Cuarta trata de un episodio de la vida de María Fulgencia en el convento, y no se proporcionan referencias temporales.

En la Parte Quinta, las festividades de *Corpus Christi*

---

[5] En la primera mitad de *Nuestro Padre San Daniel*, la cronología es elíptica por completo y la primera referencia temporal se establece después de la llegada de Don Alvaro.

coinciden con el final del año escolar y Pablo «vendría ya bachiller y a punto de cumplir los dieciséis años.» (*OL*, p. 993) Esto no explica el paso del tiempo entre las Partes Cuarta y Quinta; puede tratarse de un período tan largo como de tres años o tan corto como el que transcurre entre los meses de Semana Santa y Corpus Christi del mismo año.

El primer capítulo de la Parte Sexta llega hasta el diez de agosto del mismo verano. En ese día: «Diez de agosto, día de san Lorenzo, vino la perdición.» (*OL*, página 1019) María Fulgencia decide dejar el convento en esa fecha prometiendo: «¡..... Y me casaré con el primero que se me presente!» (*OL*, p. 1026) El segundo capítulo de la Parte Sexta incluye una visión paralela del verano de Pablo y de su aplastante aburrimiento. Hay una referencia al calendario: «En agosto todavía estaba la familia de Don Alvaro en su casa de Oleza.» (*OL*, p. 1020)

En el capítulo tercero de la Parte Sexta se mantiene la continuidad comenzando con la misma declaración con la que terminaba el capítulo primero: «¡..... y me casaré con el primero que se me presente!» (*OL*, p. 1026) El ritmo se acelera, y los acontecimientos tienen lugar en rápida sucesión: «El primero que se presentó, que le presentaron a la señorita Valcárcel, fue Don Amancio Espuch.... Se casaron y se fueron a sus haciendas de Murcia. La novia, como un naranjo en flor; el marido, como un cayado de ébano. Boda muy escondida.» (*OL*, páginas 1026-1027) No se amplían los datos sobre cuándo tuvo lugar la boda, pero el final del capítulo avanza hasta el mes de octubre: «En la calle recibieron la delicia del aire de octubre, dulce de cosechas.» (*OL*, p. 1031) El siguiente capítulo también transcurre en octubre: «Octubre trajo el buen tiempo.» (*OL*, p. 1031) Entonces es cuando Pablo conoce a María Fulgencia, cuando su padre le ordena acudir a la academia de Don Amancio: «Y una noche le avisó que al otro día, muy temprano, fuese a la academia de Don Amancio.» (*OL*, p. 1032) El idilio comienza.

En la Parte Séptima descubren a los amantes un domingo de noviembre: «Sol de las huertas silenciosas; sol de domingo de noviembre que pasaba desde la concavidad perfecta y azul.... Pablo empujó el cancel del Sacramento. El arco del pasadizo episcopal le apagó el día. Asomóse a Palacio. Quizá María Fulgencia le esperaba ya en su huerto, como todos los domingos.» (*OL*, páginas 1042-1043) En un día no especificado del mes de noviembre los Galindo parten al *Olivar* con su hijo: «... la vieja galera, ... la misma galera que trajo a Paulina para su boda en el alba del 24 de noviembre, ... También era de noviembre aquella tarde.» (*OL*, p. 1051) Mientras se marchan oyen las campanas que tañen a muerto: la muerte del Obispo.

La siguiente referencia temporal pertenece al calendario litúrgico, y se encuentra en una frase de la carta de María Fulgencia a Paulina: «Principian a tocar las campanas del Sábado Santo.» (*OL*, p. 1053) Finalmente, la última referencia temporal nos permite emplazar la acción en el mes de junio, siete meses después de la muerte del Obispo, cuando Don Cruz dice: «Siete meses está Oleza sin pastor, siete meses huérfana, ...» (*OL*, p. 1056)

La cuidadosa técnica del autor se demuestra cuando las referencias temporales, esparcidas y entremezcladas, se ajustan perfectamente en una reconstruida cronología de la historia. Sólo hemos encontrado dos probables anacronismos sin importancia: en el mes de julio, cuando Pablo termina su educación secundaria, tiene dieciséis años; en el mes de obtubre del mismo año, dice a María Fulgencia: «¡Y yo tengo diecisiete años!» (*OL*, p. 1033) No estamos seguros, sin embargo, de que esto ocurra en el mismo año.

Al final de la novela, Don Magín filosofa sobre Doña Purita: «Ella tiene treinta años, y yo cincuenta.» (*OL*, página 1060) En realidad, Purita debería tener treinta y cuatro años, ya que tenía treinta cuando Pablo tenía trece, y al término de la historia Pablo está bordeando los diecisiete. El comentario de Don Magín puede ser simplemente una generalización que tal vez quiere decir «alrededor de los treinta».

Las manipulaciones que Miró hace con el tiempo muestran un señalado intento por difuminar la importancia de la cronología. La atención del lector es desviada a propósito de la continuidad cronológica enfocando el paso del tiempo en las facetas cronológicas secundarias. El énfasis recae sobre la hora del día —si es mañana, tarde o noche—, de lo que tenemos ejemplos incontables; o también sobre el día de la semana, el mes del año y la estación climatológica (sin contar con el calendario litúrgico), pero sin determinar una secuencia.

Al autor parecen deleitarle sus manipulaciones, mencionando al azar días precisos o períodos concretos sin base cronológica. Elvira afirma que Paulina ha estado casada *cuatro meses y medio* (el subrayado es mío), podría haber dicho simplemente «cuatro meses», pero su afirmación contiene una acentuada precisión. (*NP*, p. 869) Cuando María Fulgencia está enferma se dice: «No murió María Fulgencia. El canónigo-ayo la visitó *doce jueves*. En el *jueves duodécimo* habló complaciéndose en el triunfo de su diagnóstico.» (*OL*, p. 933) La mención de *doce jueves* es intencionada, para acentuar un día de la semana. Cuando María Fulgencia sale del convento lo hace en un día preciso, sin ninguna relación cronológica anterior o futura: «Diez de agosto, día de San Lorenzo, vino la perdición.» (*OL*, p. 1019)

Este análisis detallado del elemento temporal en *Nuestro Padre San Daniel* y *El obispo leproso* no ha intentado ser una prueba matemática; su finalidad consiste en mostrar la técnica elíptica —pero minuciosa— en el enlace cronológico de ambas novelas.

IV. ACCION ELIPTICA

A. ELIPSIS EPISÓDICA

En las novelas de Miró la reducción de la importancia de la trama y de la secuencia cronológica trae consecuentemente cierta desatención a las leyes de causa y efecto. La acción se trunca: el efecto no sigue inmediata y necesariamente a la causa, o un efecto no es invariablemente precedido de una causa. A su vez, esto conduce a una acción saltante que puede moverse de causa a causa, como si se tratase de eslabones desconectados de una cadena. Miró presenta las inconexiones de la vida y la casualidad como algo distinto de la causalidad; de ahí los episodios desmembrados, sin información aglutinante.

Como ya hemos dicho en nuestro análisis de la secuencia cronológica, el pasado y el presente se convierten en un presente unificado. La acción salta sin previo aviso, del presente al pasado y de nuevo al presente, como ejemplifica el siguiente episodio de *Nuestro Padre San Daniel:* cuando Doña Corazón está esperando que Daniel y Don Jeromillo aparezcan para la tradicional cena de la víspera de San Pedro (28 de junio) en su casa, la acción sufre primero una digresión provocada por las dudas bíblicas de Don Jeromillo, expresadas en un diálogo entre él y Don Magín, que había tenido lugar en el pasado. Luego el autor continúa el desarrollo de los personajes, Don Jeromillo y Don Magín, comentando directamente acerca de ellos. En seguida la acción vuelve al punto inicial, al pensamiento de Doña Corazón mientras espera, seguido de un párrafo que comienza: «Comenzaba abril, el abril de Oleza, oloroso de acacias, de rosales y naranjos; de buñuelos, de hojaldres y de "monas" de Pascua. Pero Don Jeromillo sentía ya la rubia hoguera de junio que alumbraba las regaladas vísperas de los Santos Apóstoles. Las memorias de sus pasados refocilos no le dejaban ni cumpliendo su ministerio.» (*NP*, p. 802) Primero se nos hace creer que estamos en el mes de abril (partimos del 28 de junio). «Comenzaba abril», pero luego nos damos cuenta de que se trata de una visión interna de los pensamientos de Don Jeromillo, que anticipa la fiesta de junio. Bruscamente la acción salta de los pensamientos de Don Jeromillo situados en el pasado a la cena presente en casa de Doña Corazón, efectuando un doble cambio de tiempo y espacio: Don Jeromillo pregunta a Doña Corazón: «Y ese trenzadico, o como se llame, de los pasteles, ¿lo hace usted con los dedos nada más?» (*NP*, p. 803)

Nos detendremos primero en la elipsis de la acción que sigue al desarrollo concatenante de la novela, comenzando con el compromiso de Paulina y Don Alvaro, ya que en ese punto el dinamismo estructural se hace más evidente. Los acontecimientos que rodean el compromiso en sí permanecen elípticos en la acción. Se efectúa un salto que va desde el compromiso hasta la boda; el hueco lo llenará Don Alvaro mucho más tarde con sus recuerdos (véase p. 879 de *Nuestro Padre San Daniel*). Asimismo, la escena de la boda es característica de la técnica mironiana que construye un preámbulo y presenta bruscamente el climax en rápida pincelada como *fait accompli*. Es como contemplar un globo que se infla gradualmente y, de repente, explota. Las circunstancias, los comentarios y las preparaciones para la ceremonia de la boda de Paulina y Don Alvaro se reconstruyen después de que la unión se ha efectuado. La elección final hecha por Paulina del vestido de novia, que resulta ser negro, se describe minuciosamente; sin embargo, carecemos de información sobre las nupcias: «La víspera durmió Elvira en la heredad, y levantóse de noche para vestir a la novia. Le escogió las ropas íntimas de menos trasparencias y bordados, la peinó tirantemente; le prendió la mantilla venerable dejándosela que le colgara como un mustio crespón de toca. Al padre le pareció más huérfana. De la parroquia, al Olivar.» (*NP*, p. 853) La elipsis en la acción que rodea la ceremonia, obliga al lector a reconstruirla con su propia imaginación, cumpliendo de esta manera la intención del autor.

Desde el desayuno nupcial hasta la siguiente escena hay otro salto en la acción. Durante la comida, un mensajero enviado por Doña Corazón trae una invitación a cenar para Don Daniel. Se supone que los otros invitados son Don Jeromillo y Don Magín. Esta inesperada invitación provoca conflictivas opiniones en Elvira y Jimena; la discusión produce un silencio en el banquete de bodas: «Y el desayuno de bodas acabó en un silencio de pésame.» (*NP*, p. 856) El párrafo siguiente comienza: «¡Un 28 de junio en noviembre! Y Don Jeromillo, trastornado, derribó un cirial.» (*NP*, p. 856) Sin explicaciones, ni siquiera una división espacial en el texto, vemos que la acción se ha trasladado al convento de *La Visitación*, donde la anticipada invitación ha hecho que Don Jeromillo derribe torpemente un candelero. Aunque la invitación a Don Jeromillo quede elíptica, se nos da una clave: los acontecimientos normales del 28 de junio están ocurriendo en noviembre, ya que Doña Corazón ha cambiado su tradicional cena de costumbre de la víspera de San Pedro a noviembre. Por lo tanto, vemos que en un estilo elíptico conciso, Miró utiliza tan sólo seis palabras («¡Un 28 de junio en noviembre!») para su explicación.

La misma técnica elíptica aplicada a los acontecimientos de la boda se evidencia durante la recuperación de Don Magín tras ser herido durante la revuelta del día de San Daniel; un capítulo completo se dedica a descripciones del ambiente y a las conversaciones sin objeto que se oyen alrededor de su cama. Su recuperación es relatada elípticamente en una frase: «Hasta los males pasan.» (*NP*, p. 903) Don Magín está involucrado también en los dos siguientes capítulos, ambos exponentes de la acción elíptica. En el capítulo cuarto, Parte Primera de *El obispo leproso*, el médico, Don Vicente Grifol, camina por la calle; escucha la voz de Don Magín, y será el lector quien deba deducir que esta «voz» ha pedido a Don Vicente que haga una visita profesional al Obispo:

Venía Don Vicente Grifol de la Huerta de los Calzados....
y en medio de la calle de la Verónica—... le alcanzó la voz
campechana de Don Magín.

Aguardóse el médico. El capellán le puso su brazo robusto
en los hombros viejecitos y se le fue llevando a Palacio.

Camino de Palacio, decía Don Vicente:

—Casi todos los recados de enfermos de ahora me cogen
en la calle, como si llamaran a un lañador o un buhonero
que pasa. (*OL*, p. 924)

Siguiendo el curso de esta escena, y ya en el Palacio
Episcopal, el médico ha entrado en el dormitorio para
examinar a *Su Ilustrísima*, cuando leemos lo siguiente:

Quedóse Don Magín en la puerta, vigilando que nadie,
ni el familiar de turno, viniese. Tosía, hojeaba libros con
ruido para probar que no les escuchaba.

Un corro de canónigos y capellanes de la curia esperaba en el claustro.

—Cuarenta y dos años en Oleza, y nunca había mirado
la vega por el ventanal de su ilustrísima. ¡Me ha parecido
todo el campo nuevo! (*OL*, p. 926)

Unicamente por su última afirmación sabemos que Don
Vicente ya ha examinado al Obispo y ha salido del dormitorio. Su observación pudo haber sido hecha desde
el dormitorio, pero su exclamación, en la que utiliza el
pretérito perfecto del indicativo, explica al lector que la
acción ha sido ya cumplida.

De nuevo, cuando Don Magín ayuda a otro personaje,
la acción se hace elíptica. Esta vez requiere su ayuda la
Madre Superiora del Convento de La Visitación: María
Fulgencia, está creando dificultades en el convento y la
monja envía a Don Jeromillo para que solicite la ayuda
y consejo de Don Magín. Don Jeromillo promete: «¡A
Don Magín se lo traigo yo a empujones!» (*OL*, p. 1014)
Don Magín ve que Jeromillo se acerca y le grita desde su
ventana: «¡Pues en acabando la lluvia... verás la volada
de mis palomicas de la seda, y después merendare-
mos!» (*OL*, p. 1014) La acción sigue entonces de esta manera: «Se apuñazó Don Jeromillo su frente pecosa, y fue
diciendo el recado de la Madre. Don Magín se compla-
cía en su cajuela conmovida de un recóndito zumbo,
pero apiadóse del apuro y renunció a las delicias pro-
metidas. No iba tan ahína como era menester, porque
a todos saludaba y a todos se volvía...» (*OL*, p. 1014)

Nos damos cuenta de que va camino del convento; la acción se ha trasladado concisamente, elípticamente, y sin preámbulos. Para seguir estos rápidos cambios, debemos estar constantemente alerta a este aspecto de la técnica de Miró.

La acción es extremadamente elíptica y por ello oscura en el episodio del Padre Ferrando y el Obispo leproso. El Obispo ha rehusado ver a Ferrando, su confesor, que baja las escaleras llorando desesperadamente, camino de las oficinas del Obispo en el Palacio Episcopal. El Obispo le sigue, ayudado por Don Magín y Pablo, cuya presencia en el palacio no ha sido mencionada. La siguiente escena ocurre en la casa de Pablo: «A mediodía llegó Pablo a su casa, gritando: «¡Ya no se pierde, ya no se vende el "Olivar" del abuelo!» (*OL*, p. 1025) Debemos deducir, por tanto, que el Padre Ferrando ha tenido éxito en su misión de defensa de la causa jesuítica ante el Obispo. Ha habido rumores de que, debido a desacuerdos con el Obispo, el colegio de los jesuítas va a cerrarse. Los jesuítas han mantenido conversaciones con Don Alvaro para ocupar *El Olivar* en tal eventualidad. Sin embargo, la continuidad de estos episodios saltantes debe ser efectuada por el lector.

Más adelante, un suceso importante en la trama, la boda de María Fulgencia y Don Amancio, se trata con tres frases: «Se casaron y se fueron a sus haciendas de Murcia. La novia, como un naranjo en flor; el marido, como un cayado de ébano. Boda muy escondida.» (*OL*, pp. 1026-1027) Sin embargo, el hecho de que María Fulgencia pida a Don Amancio que se afeite la barba se alarga en once líneas. (*OL*, p. 1026) Tras la boda de Don Amancio y María Fulgencia, y después de que Pablo y la joven novia comienzan su relación amorosa, ocurre otro episodio elíptico que complica a Pablo y a su madre. La mañana siguiente a la que los amantes han sido descubiertos, Paulina está sentada en la cama de Pablo, a su lado, y le besa, prometiendo ayudarle. (*OL*, p. 1047) En un rápido cambio, salta la acción y encontramos a Paulina en la calle y a Pablo que la mira desde el balcón:

Sentóse su madre en la orilla de la cama; y él ya no temió sonreírle, y se lo fue contando todo; todo menos lo de tía Elvira...

Y cuando acabó, le besó su madre, prometiéndole:

—¡Yo te salvaré!

... ...

Su madre se le apartó, repitiéndole:

—¡Yo te salvaré!

Pablo atravesó los corredores, el gabinete, la sala, y abrió el viejo balcón para mirar a su madre. Le pareció transfigurada.... No se puso mantilla, sino manto; ....

Su madre desapareció por la plazuela de la Catedral, buscando la salvación... (*OL*, pp. 1047-1048)

Además de la elipsis episódica en la secuencia de la narración, encontramos en el texto mironiano otros tipos de elipsis narrativos que evidencian un tratamiento poco convencional de los lazos causales, algunos de los cuales enumeraremos en los párrafos siguientes. A veces los personajes lanzan exclamaciones sin continuidad en la narración, como en la escena que tiene lugar en el otoño en casa de los Galindo, tras la terminación de los estudios de Pablo.

Octubre trajo el buen tiempo. Pasó el ahogo de los nublos y calinas que apretaban la ciudad.... Y entonces se cerró más la vida de Pablo....

Los ojos de Don Alvaro relucían de un dolorido rencor.

La madre, de una blancura lunar, de una tristeza sin lágrimas, le pidió al hijo que no la buscase tanto, que no la quisiese más que al padre.

... ...

Lo quería hijo cabal, de las dos sangres... Por eso alzóse su corazón cuando se rebeló Pablo con firmeza de Galindo diciéndole a *él*:

—¡Yo no iré más allí! (*OL*, pp. 1031-32)

Más tarde nos damos cuenta de que Pablo se refiere a la Academia de Don Amancio; la exclamación, por lo tanto, está fuera de contexto, puesto que nada se había mencionado antes en relación con su asistencia a tal academia.

Algunos incidentes aislados en la acción no pueden ser explicados lógicamente, sino únicamente como resultado de fuerzas esotéricas. Cuando Don Alvaro es acometido por su complejo de culpa, piensa en Cara-rajada y grita. Al mismo tiempo, como si se tratase de telepatía, su esposa hace eco de su grito en otra parte de la casa. Ambos gritos son motivados por el mismo estímulo: la imagen de Cara-rajada.

Desesperóse Don Alvaro. Aunque le pesara por crueldad suya el fusilamiento del novio, se afirmó que no debía importarle el hombre de luto. Y comenzó a repetírselo, hasta gritar: «¡No me importa, no me importa, no me importa!» Y de repente calló porque le contestaba su mujer con otro grito.

Don Alvaro se precipitó hacia la escalera, que retumbaba como una bóveda de metal. Su pecho y la bóveda zumbaron de palpitaciones. Le erizó el miedo de que Paulina hubiese gritado también del mismo horror suyo. Y según se acercaba sentíase angustiosamente convencido.

Ella se lo confesó, muy blanca, agarrándose al último pilar de la solana, temblándole los párpados y la boca. El enlutado estuvo acechándola entre los árboles de la otra ribera.... Lo contó como una culpa callada mucho tiempo...

Los ojos ruines que invadían la conciencia del caballero, merodeaban su casa, y amedrentaron a la esposa aun antes de que él los temiese. Su altivez torva y rígida le impedía reclamarle las razones de su espanto, un espanto que, sin querer, acogió como un apoyo porque daba compañía al suyo. No estaba ya solo interiormente con ese hombre. (*NP*, pp. 874-75)

La ominosa imagen de Cara-rajada reaparece cuando Jimena viene para informar a Don Alvaro y a Paulina sobre la enfermedad de Don Daniel, sus noches de insomnio, sus pesadillas; añade también que Cara-rajada merodea por el *Olivar*. Repentinamente, mientras habla, una sombra se apodera del grupo: «Rápidamente se ennegreció una ventana del despacho, y una sombra como un grajo enorme cayó encima del grupo. El caballero se abalanzó a la cancela, y todavía creyó ver al enlutado escapándose por el callejón de los trascorrales que bajaban al río. Corrió Don Alvaro, y al doblar la tapia, se le presentó Cara-rajada, esperándole. Siempre le esperaba.» (*NP*, p. 875)

Los sucesos corrientes aparecen como acontecimientos sobrenaturales. Al final del capítula citado anteriormente, Don Alvaro se queja de su soledad; sus amigos no han aparecido para la tertulia diaria. Al terminar su monólogo, llaman a la puerta: «Y Dios callaba. Todas las tardes le visitaban sus amigos. Y hoy no iban. Dios no lo permitía para que la soledad le fervorizase en sus designios. Y apenas lo dijo, resonó el esquilón del portal.

Elvira y Don Alvaro palidecieron sobrecogidos por el milagro.» (*NP*, p. 876)

Ocasionalmente una historia inconexa se introduce en la historia principal, como el quasi-entierro de Don Trinitario Valcárcel. (*OL*, p. 929)

Los personajes aparecen y desaparecen bruscamente de la escena. No se dan explicaciones de la desaparición del Conde y la Condesa Lóriz, que tienen tan importante papel en *El obispo leproso*. La última vez que se menciona su presencia en la ciudad es a través de la visita de Don Roger cuando rompe la pecera en el salón mientras espera al Conde (*OL*, p. 1013; véase también la página 102 de este capítulo). Al final de la novela se nos informa que: «Ya no estaban los de Lóriz en su palacio, que tampoco era palacio, sino lonja de contrataciones de las industrias de sedas y cáñamos.» (*OL*, p. 1059) El paso del tiempo se anota elípticamente en este ejemplo: el tiempo y el progreso han convertido lo que fuera un palacio en un almacén industrial.

También se nos informa de que una de *Las Catalanas* ha muerto: «la mayor o la menor....» (*OL*, p. 1060) La forma en que se nos explica tal muerte no concede importancia a cuál de las dos hermanas ha fallecido.

Don Roger y Don Hugo reaparecen tan súbitamente como desaparecieron: «Don Roger y el señor Hugo, después de mirar un día con tristeza a Doña Purita, dejaron ya de mirarla y se volvieron, dóciles y arrepentidos, a ”Jesús” y ”Jesús” los aceptó misericordiosamente.» (*OL*, página 1060) No teníamos noticias de ellos desde que rogaron por su readmisión en *Jesús*, muy atrás en la historia.

Deliberadamente, se obliga a veces a que la acción aparezca elíptica omitiendo partes de la oración. Las monjas del Convento de La Visitación intentan traer una reliquia de Saboya como paliativo a la enfermedad del Obispo. Hay dificultades para su traslado: «... la irreverencia de confiar la preciosa reliquia al servicio de Correos, entre estampas inmundas, impresos, cartas de herejes y pliegos de valores declarados de la Banca judía difundida por todo el mundo. La comunidad de Nuestra Señora horrorizóse imaginándolo. Durante algunos días vivieron consternadas las dulces religiosas. Domingo de Quincuagésima, a punto de prosternarse María Fulgencia en la cratícula para comulgar....» (*OL*, p. 962)

La simple omisión del artículo al principio de la última frase hace que la secuencia aparezca truncada. El mismo efecto se consigue omitiendo la forma verbal al principio de una frase, como en los pasajes de la página 991, que empiezan: «Siete niñas: ...» y «Lágrimas y besos.»

La acción en las novelas de Miró es casi estática. Apenas ocurre algo, ya que los sucesos principales son a menudo omitidos y emplazados fuera de la escena, muy similarmente a las violentas escenas de las tragedias griegas. Su entramado reside en los detalles que preceden y siguen al suceso principal, aunque éste se establece actuando sobre su preámbulo y efecto subsecuente, por reflexión. La técnica del autor quita énfasis deliberadamente a los incidentes importantes y acentúa los sin importancia que, sin embargo, dependen de los principales. Esto es diametralmente opuesto a la narrativa convencional. Miró forja así una «antinovela»[1] y logra la creación del ambiente a través de sugestión y retórica elíptica. El estatismo de la acción se complementa por el dinamismo de la estructura conseguido en la presentación de la narración saltante.

Al juzgar estos dos aspectos del arte novelístico mironiano, estatismo y dinamismo, debemos analizar tres escenas maestras de las novelas que estudiamos. Dichas escenas muestran la habilidad del escritor para conseguir perfectas imágenes estáticas y dinámicas, tanto en el tiempo como en el espacio.

La escena inicial en la petición de mano de Paulina

---

[1] La nueva técnica novelística de Miró en *Nuestro Padre San Daniel* y *El obispo leproso* es analizada desde otro ángulo por Rafael Bosch, que escribe: «A lo largo de estas dos novelas, Miró ha convertido la vida entera en una colección de acontecimientos materiales, la mayor parte sin sentido, comprobados por ciertas apariencias visuales y ciertos sonidos apagados. En suma: nos hallamos ante el fenómeno que se llama hoy "objetivismo" y que no consiste sino en la reificación, en el fetichismo de la mercancía aplicado al hombre y a la vida entera. Pero con la importante diferencia de que Miró, a diferencia de los Robbe-Grillet y otros "objetivistas" de hoy no se hace cómplice del fenómeno, sino, como hemos visto, acusador de las causas de esta deshumanización de la vida, producida en una sociedad atrasada y semialdeana cuando las antiguas estructuras se derrumban y dan los últimos coletazos de su poder mientras se anuncia su sustitución por las nuevas fuerzas efímeras y destructivas de la cultura industrial. Miró no ha sido en este aspecto sólo un precursor, sino también el señalador del verdadero camino de la representación estilística de la reificación.» *La novela española del siglo XX* (New York, 1970), pp. 250-251.

por Don Alvaro en *Nuestro Padre San Daniel* presenta a los personajes paralizados, como si en medio de la proyección de una película se hubiera congelado la imagen. Un ruido agudo, al cerrar Monera su reloj, pone en movimiento a los personajes. Sin pronunciar una palabra, comienzan lentamente a comunicarse con la mirada:

> De pie, rígido y pálido; en la diestra, un pomo de rosas y un guante amarillo; en la siniestra, el junco y el sombrero; la mirada fija en un cobre de una cómoda Imperio; la barba estremecida, y la piedra de su frente con una circulación de sol. Así pidió don Alvaro la mano de Paulina.
> Don Cruz, *Alba-Longa* y Monera atendían inmóviles y ceremoniosos cerca del estrado. Todo el estrado para Don Daniel, muy solo, muy desvalido en un sofá tan ancho.
> Reclinada sobre el costurero de ciprés de la madre, en una sillita de lienzo, estaba la novia. Le caían los pliegues lisos de su vestido azul como de túnica de una Anunciación; y en el fondo del ventanal, un arco blanco con una vid que subía, resaltaba el contorno de pureza de sus cabellos negro.
> Calló Don Alvaro; y todos esperaron la palabra del padre. Y Don Daniel no habló.
> En la quietud, se vio resplandecer crudamente, entre los dedos de Monera, la naranja de su gordo reloj de oro. Y al cerrar la hojuela, crujió tanto el muelle, que Don Daniel se asustó. Alba-Longa volvióse al homeópata mirándole con severidad dentro de los ojos y del reloj. Ya no osaba ni guardárselo su dueño.....
> Don Alvaro fue apartando la mirada de la cómoda y la puso en el padre de Paulina.
> ... Mirándole, le dijo Don Daniel su gratitud.... *(NP, páginas 839-40)*

El siguiente cuadro está situado en casa de **Doña Corazón**, donde se ha detenido el tiempo: «No latía el reloj de pesas, seco y embalsamado de silencio, con sus dos saetas plegadas entre las diez y las once, las dos juntas, sin medir ningún tiempo, como si nunca hubiesen podido caminar por el lendel de las horas. El calendario, liso, sin días, como una lápida de cartón de las fiestas desaparecidas.» (*OL*, p. 955)

El último pasaje de *El obispo leproso* nos proporciona, en lo que se refiere al movimiento, una magnífica imagen, producida a través de las percepciones del narrador, pasajero imaginario del tren:

El tren arremolinaba la hojarasca de las cunetas. De cada cruce de vereda, de cada barraca se alzaba un vocerío en seguida remoto. Un rugido de agua. Calma y silencio. Carretas de bueyes.... Más pequeña Oleza, recortándose toda en las ascuas de poniente. Racimos de campanarios, de cúpulas, de espadañas —ruecas y husos de piedra—, en medio de lienzos verdes, de barbechos tostados, de hazas encarnadas, de cuadros de sembradura. Palmeras. Olivar.... Lo último de Oleza: la torre de Nuestro Padre, el cerro de San Ginés... Se adelantó un monte con las faldas ensangrentadas de pimentón. (*OL*, p. 1063)

La exactitud y belleza de las imágenes hablan por sí mismas haciendo inútil el análisis. El «vocerío» al ir avanzando el tren, se vuelve «remoto». La ciudad disminuye de tamaño hasta que lo último de Oleza» se pierde de vista. Luego el andar del tren acerca una colina: «se adelantó un monte con las faldas ensangrentadas de pimentón». Indudablemente esta es una visión poética del movimiento.[2]

B. RELACIÓN DISPAR ENTRE CAUSA-EFECTO

Como ya hemos dicho anteriormente, el estatismo de la acción se interrumpe por el dinamismo estructural que resulta de la presentación saltante de los acontecimientos. Pero el dinamismo también surge de la ruptura entre causa y efecto y de la relación dispar de causa-efecto. Los dos últimos procesos pueden ser reales o únicamente aparentes en la técnica narrativa mironiana. Son reales cuando la erradicación del efecto en relación con la causa es definitiva, o cuando hay un claro desequilibrio en la ecuación causa-efecto. Son aparentes cuando la acción se detiene sólo al nivel del factor causal, para terminar inesperadamente más tarde (como se muestra en la sección sobre el humor del capítulo IV de este estudio) o cuando la relación dispar de causa-efecto obedece a un propósito que no es manifiesto, sino sólo translúcido en la narración. Unos cuantos ejemplos cla-

---

[2] La imagen de «un paisaje en movimiento» contemplado desde un tren es una descripción característica del impresionismo. (Véase Charles Bally *et al.*, *El impresionismo en el lenguaje*, p. 72.)

rificarán este punto y señalarán el movimiento estructural. El estatismo en la acción predomina en *Nuestro Padre San Daniel*, ya que una gran parte de la novela está dedicada a las descripciones del ambiente y a la introducción lineal de los personajes. En la petición de mano el movimiento estructural comienza a percibirse. Las acciones del austero y anodino Don Cruz durante la ceremonia son desproporcionadas a su causa: «Don Cruz abría las alas de su manteo para volver a plegárselas a sus secos ijares; se pasaba las manos por todo el cráneo; daba voces agudas de pasmo y de enojo; hacía unos melindres de afeminación tan lejos del penitenciario austero y afiladísimo.» (*NP*, p. 844)

La misma relación dispar de causa-efecto la encontramos en las reacciones de Don Alvaro ante la leve enfermedad de Paulina. Cuando Don Alvaro escucha que el pulso de Paulina es demasiado rápido, solloza y hace muecas: «Don Alvaro clamó delirante: "¡No tiene medida! ¡Eso es! ¡No tiene medida, no tiene medida! ¡Acuéstate, desnúdate, acuéstate!" Se le torcía la boca con un temblor de poseído. Y agarró los cristales de la ventana del huerto y los cerró con un ímpetu espantoso. Después, cuando se pasó las manos por su frente, se dejó una frialdad húmeda de difunto.» (*OL*, p. 996)

Una técnica estructural similar se emplea en la escena entre los Galindo, cuando Don Alvaro obliga a Pablo a besar a Elvira para pedirle perdón por su comportamiento. Las reacciones de Paulina aquí son también desproporcionadas con su causa: «Pablo sintió el hueso ardiente de tía Elvira. Y no la besó. Los ojos de Don Alvaro daban el parpadeo de las ascuas. Y esos ojos le acechaban como la tarde del Jueves Santo, en que la boca del hijo sangró hendida por los pies morados del Señor. Paulina dio un grito de locura.» (*OL*, p. 1010)

En los dos últimos ejemplos de reacción extrema, Miró nos proporciona casos de «psicopatología cotidiana». Un pequeño incidente hace que un personaje reaccione extremadamente y sirve de excusa para descargar una frustración o una preocupación interna [3]. En el segundo ejemplo, el proceso de una aparente desproporción entre causa-efecto es más claro. Paulina asocia la

---

[3] Véase A. A. Brill, *Basic Principles of Psychoanalysis* (New York, 1959), pp. 76-112.

experiencia de Pablo con aquella anterior del Jueves Santo, cuando Don Alvaro obligó a Pablo a besar «los pies morados del Señor», haciéndole sangrar. Paulina reacciona, pues, por asociación a una experiencia previa, no a la presente.

En los ejemplos siguientes quedará demostrado cómo la expectación se consigue fabricando una motivación cuyo efecto subsecuente es disminuido desproporcionalmente, o simplemente anulado. La inundación, por ejemplo, y su efecto sobre el descontento pueblo olezano se fabrican como sucesos de gran dimensión que predicen grandes desastres. Sin embargo, las consecuencias son minimizadas:

Amaneciendo comenzó el temporal. Oleza se entramaba en un recio tapiz de lluvia.
... ...
La ciudad era una gárgola que el río se bebía, un río enfangado, gordo de cuajadas de muladar, ... un río convulso de veloces hileros y oleajes que arrastraban garbas de cáñamo y de mies, ...
Por los pretiles de la margen, por los techos de las anegadas aceñas, los molineros, con capuces de sacas, corrían apercibidos de garfios y sogas para los auxilios.
... ...
Era un castigo: el castigo de Oleza... La multitud regolfó encendida y dura. Les llegaba tarde, pero les llegaba la sacudida de fuego; y surgió el grito, que ya no fue de jaculatoria, sino de revuelta.
... ...
Se abría y se encrespaba ya el motín en la calle. Lo aplastó el estampido de un morterete tan grande que el humo se quedó mucho tiempo cogido al arrabal de San Ginés.
... ...
Se embestían; les inflamaba el Santo. Los dioses y los santos tienen que participar siempre de las mismas pasiones de las criaturas.
... ...
Toda la ciudad resonaba como un odre inmenso....
Delirantes campanas del Triduo, quejas de vecinos de callejones inundados, clamor del pregonero, rezos y lloros de las encerradas mujeres..... (*NP*, pp. 890-894)

Súbitamente el sol brilla: «De súbito, la peña, la ermita, las ruinas, los bardales, todo se puso rojo, como delante de una fragua. Una hoz de sol poniente acababa de rebanar una costra del nublado, ... Surgió como una exclamación de colores gozosos y tiernos, de brillos cerámicos; ... y alzóse el pecho del verano, contenido todo el día por el temporal, y resucitó la tarde ancha, mojada y olorosa.» (*NP*, pp. 896-97) El único efecto de la inundación es que, por accidente, Don Magín es herido cuando la juventud carlista de Oleza en éxtasis hace fuego con sus armas, reviviendo la guerra. El que se ahogue Cara-rajada se considera como un acontecimiento esperado: «¡Tanto padecer [se refiere a Don Magín] y por nada! La inundación fue la de menos daños de todas las de Oleza. La feria se celebró en otras tardes, además de que los mercaderes eran forasteros. Cara-rajada murió, porque había de morir de sus accidentes, y no se perdió mucho con que un ribaldo, malavenido con todos, muriese.» (*NP*, p. 900) La deflación de la causa tiene un marcado tono irónico en este ejemplo.

La misma construcción estructural queda al descubierto cuando el Conde y la Condesa Lóriz vuelven a Oleza, creando gran expectación dado el interés que muestran por Purita. Se sospecha que el Conde mantiene un lazo romántico con la «Afrodita» de Oleza. (*OL*, p. 943) Más tarde la curiosidad se despierta ante los rumores de que Purita se ha exhibido desnuda en su ventana a fin de ser admirada por el Conde. (*OL*, p. 957) La misma Condesa pone un interés excesivo en su amistad con Purita: «¡Que me traiga usted pronto a Purita!» (*OL*, página 945), le pide la Condesa a Don Magín; después elige a Purita como compañera en una mesa petitoria el Jueves Santo. Sin embargo, la continuidad de la trama no avanza y al final de la novela se anuncia que el Conde y la Condesa han dejado Oleza tiempo atrás, y la misma Purita deja la ciudad para ir a vivir con su hermana. La acción queda truncada.

Se despierta también anticipación en la escena del Miércoles Santo cuando las Hermanitas de la Caridad visitan a Paulina: vienen a comunicarle su turno en la mesa petitoria de la Catedral. A petición de la Condesa, Paulina y Purita deben estar en el mismo turno con ella. Al leer la lista, Don Alvaro monta en cólera y finalmente no transige con tal decisión.

> ... Yo no me avengo a que esa señora condesa disponga de nosotros como de criados.

Se le movía la barba, se apretaba las manos y se aborrecía a sí mismo, viendo que las hermanitas se despedían de Paulina mirándola como si la compadeciesen. Y las paró con su grito:

—¡Estoy harto de sentir mi voluntad empujada por la de todo este pueblo!...

—Mi mujer irá; pero yo también impongo y rechazo compañías.....

Don Alvaro dictó:

—Señora de Lóriz, señora de Galindo y señora de Monera. (*OL*, pp. 967-968)

El preámbulo a este posible climax ocupa dos páginas del texto; sin embargo, el esperado desenlace no se produce. El único comentario de la Condesa, cuando ve el cambio, es: «¡Cómo!, ¿no es Purita nuestra compañera?» (*OL*, p. 972) La esposa de Monera contesta: «¡No, señora; no, señora, que soy yo!» (*OL*, p. 972) El episodio termina inesperadamente con un: «La de Lóriz se distrajo....» (*OL*, p. 972)

El efecto queda en suspenso, sólo insinuado, en la escena en que los seminaristas pasan por las barrios bajos camino de la iglesia el Jueves Santo. El primer pasaje muestra a los seminaristas irrumpiendo en la iglesia: «Prorrumpió la masa de los seminaristas, con estruendo de haldas y zapatones.... Se arrodillaron duros y polvorientos entre un vaho de camino. Se torcían los puños; hundían sus frentes de aldeanos. En los ojos de los sacerdotes inspectores había un trastorno que les secaba la oración. Salieron despavoridos, ...» (*OL*, p. 970) Elvira nos proporciona la causa de estas acciones: «Los seminaristas, por un podrido deseo de sus guías, atravesaron el callejón de la Balsa, el lupanar de Oleza.... Corrieron los inspectores, y ya no tuvo remedio la indecencia. Desde los portales y ventanillos les llamaban las malas mujeres remangándose.» (*OL*, p. 971) La relación causal no está completa: los seminaristas «salieron despavoridos», pero no se nos dice hacia dónde ni se nos explica su propósito. El tema se traslada inmediatamente a la familia Lóriz.

Las inconexiones causales de la estructura incluyen largas presentaciones de personajes secundarios y sus idiosincracias; estas figuras desaparecen de escena mientras el lector se prepara para los acontecimientos que han de seguir. Ejemplos de esta faceta los proporciona el irónico y prolongado informe sobre el «señor Hugo y Don Roger» (*OL*, pp. 932-934) y sobre el deán de Oleza y sus inclinaciones caligráficas: «Volvió, después, a sus máximos afanes, primor de sus ojos y de su pulso: la caligrafía, arte gloriosamente cultivado por muchos varones de la Iglesia, como San Panfilio, San Blas, San Luciano, San Marcelo, San Platón, Teodoro el Studita, el patriarca Méthodo, José el Himnógrafo, el monje Juan, el monje Cosmas, el diácono Doroteo...» (*OL*, p. 928) Don Roger también es el personaje principal de una escena tan irónica como cómica donde el lazo estructural causa-efecto queda roto. Al ser despedidos Don Roger y Hugo de sus puestos en el Colegio de *Jesús* deciden solicitar la ayuda del Obispo y de los Señores Condes para su readmisión: «Partían los caminos: él [Hugo], al Palacio de su ilustrísima para pedirle misericordia; y Don Roger, al palacio de los Lóriz.» (*OL*, p. 1012.) Don Roger pasa al oscuro salón del palacio de los Lóriz conducido por una doncella. Mientras se pasea por el salón esperando ser recibido, rompe una pecera. Este incidente es dramatizado y magnificado con gran riqueza de imágenes y humor:

> Y don Roger se animó y se puso a pasear con algún tonillo. De repente le reventó en la contera de sus zapatones un estrépito vibrante de esquilas de vidrio, un estallido hidráulico. Se le cuajó la conciencia y la sangre. Únicamente dijo: «¡Estoy sudando!» El sudor le bañaba los pies y le salía y empapaba el tapiz como lluvia en un prado. Ladeóse un poco, y todo el prado crujió. Creyó que se le caía el corazón a pedazos, y cada trozo le rebotaba en la alfombra golpeándole en los carcañales. Fue doblándose, doblándose, y entre sus manos enguantadas sintió rebullirle no un fragmento, sino todo el corazón, palpitante y glacial, y le saltó dejando una rápida lumbre. Dentro de la blanda quietud del recinto se oía un brincar cansado, gelatinoso, un húmedo aleteo. Don Roger se arrancó un guante con los dientes; encendió una torcida de muchos fósforos.
>
> —¡He roto algo! ¿Qué habré yo roto? Había roto la pecera regalada al padre rector de Jesús.
>
> Los peces del Nilo, del Jordán, del Vaticano agonizaban mirándole y estremeciéndose, sagrados y magníficos.
>
> Don Roger, todo Don Roger era un branquia que latía. Fue retrocediendo; alzó un cortinaje, salió al patio, abrió una verja, después un postigo, y escapóse de la casa de Lóriz sin volver la cabeza. (*OL*, p. 1013)

La acción se detiene después de esta construcción causal y posteriormente no se mencionan ni el incidente de los peces ni la petición al Obispo. Se dedican tres líneas en el último capítulo de *El obispo leproso* para revelar la suerte corrida por el «señor Hugo» y «Don Roger», que no guardan relación con el episodio citado. (*OL*, p. 1060)

Otras técnicas utilizadas por Miró dentro de la secuencia estructural causa-efecto son: la introducción de una historia inconexa dentro de la historia general; el cambio del orden de la relación causal; y la aparición de un efecto sin causa. El primer punto mencionado se ejemplifica en la introducción de una historia inconexa, el quasi-entierro de Don Trinitario Valcárcel. (*OL*, p. 929) El orden de la relación causal se invierte en el pasaje en el que se informa de la visita de Paulina a Pablo el Viernes Santo. La causa aparece señaladamente después del efecto. La escena tiene lugar en el colegio, donde Pablo está meditando sobre las ceremonias del día:

> Muerto ya Jesús, Pablo iba perdiendo la emocionada ilusión de la Semana Santa. Otra vez el colegio de la Oleza contemporánea: oficio parvo, pláticas, examen de conciencia, ...
>
> *Le llamó el hermano portero para llevarle al salón de visitas....* Y cada vez que repicaba el esquilón de la portería... el Hermano botaba de pesadumbre. No podían vivir sin quererse, sin besarse, sin tocarse! ¡Oh qué engaños y peligros tenían los alumnos en sus familias; y singularmente en la madre, en la madre y en las hermanas!
>
> *Llamaron.* Abrió el ventanillo para mirar. *La señora Galindo.* ¡La señora Galindo, tan piadosa y residiendo en Oleza! (*OL*, pp. 980-981)

(He subrayado causa y efecto.) A Pablo le llaman al locutorio antes de que se oiga el sonido de la campana de la puerta.

Un efecto sin causa se evidencia en la relación entre Paulina y su padre. Se omite la causa por la cual Paulina no se comunica con su padre después del matrimonio. Se sugiere y se entiende que la separación ha sido impuesta por su marido y su cuñada. Sin embargo, no se nos da razón alguna para tal decisión. Don Daniel estaba extremadamente orgulloso de la ascendencia de Don Alvaro y fue promotor de su unión con Paulina; en ningún momento se pone de manifiesto antagonismo alguno entre Elvira y Don Daniel. La causa, pues, se nos presenta como materia de libre interpretación.

La falta de una ley estructural en Miró obedece a un propósito. Como Mendilow expone justamente: «Real life is a kind of chance-medley, consisting of many unconnected scenes. The great author of the drama of life has not finished his piece; but the author must finish his; and vice must be punished and virtue rewarded in the compass of a few volumes; and it is a fault in *his* compositicon if every circumstance does not answer the reasonable expectations of the reader. But in real life our reasonable expectations are often disappointed; many incidents occur which are like "passages that lead to nothing", and characters occasionally turn out quite different from what our fond expectations have led us to expect.» [4] Así Miró nos presenta lo que Henry James considera en la ficción como «life *without* rearrangement.» [5]. El arte de Miró, por consiguiente, no es simplemente un ejercicio de retórica para mostrar su virtuosismo como escritor, o una mera negativa a aceptar los preceptos establecidos de la ficción convencional; es un serio intento de presentar la vida tal como es.

[4] Mendilow, p. 47.
[5] Henry James, «The Art of Fiction», en *The Future of the Novel* (New York, 1956), p. 20.

V. CARACTERIZACION

A. TÉCNICA ELÍPTICA Y CARICATURA

Como señala Aristóteles en su *Poética*,[1] los personajes de una obra de arte pueden ser mejores que nosotros, estar a nuestro mismo nivel, o ser peores. Sobre esta última posibilidad, Northrop Frye comenta: «If inferior in power or intelligence to ourselves, so that we have the sense of looking down on a scene of bondage, frustration or absurdity, the hero belongs to the ironic mode.»[2] Ramón del Valle-Inclán expone esta relación cuando explica la estética de sus *esperpentos:*

Comenzaré por decirle a usted que creo hay tres modos de ver el mundo artística o estéticamente: de rodillas, en pie o levantado en el aire. Cuando se mira de rodillas —y ésta es la posición más antigua en literatura—, se da a los personajes, a los héroes, una condición superior a la condición humana, cuando menos a la condición del narrador o del poeta. Así Homero atribuye a sus héroes condiciones que en modo alguno tienen los hombres. Se crean, por decirlo así, seres superiores a la naturaleza humana: dioses, semidioses, y héroes. Hay una segunda manera, que es mirar a los protagonistas novelescos como de nuestra propia naturaleza, como si fueran nuestros hermanos, como si fuesen ellos nosotros mismos, como si fuera el personaje un desdoblamiento de nuestro yo, con nuestras mismas

---

[1] II (New York, 1954), pp. 224-225.
[2] *Anatomy of Criticism* (New York, 1969), p. 34.

virtudes y nuestros mismos defectos. Esta es indudablemente, la manera que más prospera. Esto es Shakespeare,
todo Shakespeare.... Y hay otra tercera manera, que es mirar al mundo desde un plano superior, y considerar a los
personajes de la trama como seres inferiores al autor, con
un punto de ironía. Los dioses se convierten en personajes
de sainete. Esta es una manera muy española, manera de
demiurgo, que no se cree en modo alguno hecho del mismo barro que sus muñecos. Quevero tiene esta manera....
Esta manera es ya definitiva en Goya. Y esta consideración es la que me llevó a dar un cambio en mi literatura
y a escribir los *esperpentos,* el género literario que yo
bautizo con el nombre de *esperpentos.*[3]

Lo que nos interesa de esta exposición es la unión del
estilo irónico al del autor *demiurgo.* Creemos que este
punto de vista es el que Miró adopta cuando contempla a muchos de sus personajes desde arriba, aunque
la distancia entre autor y personajes es mayor en Valle-
Inclán que en Miró. Las puntualizaciones del profesor
Anthony Zahareas sobre este asunto son pertinentes a
nuestro análisis: «If an author looks at his heroes as a
puppeteer looks at his marionettes, these heroes sudden-
ly seem grotesque and disturbingly amusing. It is as if
the author had usurped from God the right to have a
good last laugh at this own creation.»[4] Esta parece ser
la actitud de Miró mientras inspecciona su creación en
una forma condescendiente, irónica o humorística, como
mostramos en el capítulo sexto de este estudio.

Ya que el microcosmos que Miró nos presenta es es-
tructuralmente un mundo de dicotomías, los personajes,
como parte de este mundo, quedan bifurcados en dos
clanes. El profesor Woodward, en su lúcido artículo «Les
images et leur fonction dans "Nuestro Padre San Daniel"», divide a los personajes en dos grupos según sus
acciones y el sistema de imágenes que representan:

> En gros, tous ces gens se répartissent —de par leurs
> actions et le systéme d'images que Miró leur applique—
> en deux groupes, celui de la vie et celui de l'antivie. Enoncée
> de cette façon, la distinction est par trop simplifiée, elle ne
> se laisse pleinement comprendre que dans le roman les
> partisans de la vie affirment la valeur de toute vie: celle

---

[3] Anthony Zahareas y Rodolfo Cardona, *Ramón de Valle-Inclán,
An Appraisal of His Life and Work* (New York, 1969), pp. 86-87.
[4] *Ramón del Valle-Inclán,* p. 87.

des sens, de l'esprit et de l'âme. Les détracteurs de la vie, tout en acceptant les valeurs spirituelles et morales, nous apparaissent non seulement comme privés de ces valeurs, mais encore comme echarnés a les dètruire chez les autres.[5]

Con profunda visión, Woodward estudia el simbolismo de la imagen y cómo los personajes, que ven la vida con percepción sensitiva, están conectados a imágenes luminosas, mientras que los incluidos en el grupo que reniega de la vida están asociados a imágenes oscuras. Esto se relaciona con el tema de la novela discutido en este estudio, con la vida y la muerte en un microcosmos y con la representación temática y mítica de la vida y de la muerte en el perpetuo cambio del día y la noche.

Miró crea los personajes centrales de su biseccionado microcosmos con una técnica elíptica y saltante, donde los diferentes aspectos del personaje se proyectan en momentos también diferentes, que la percepción del lector aprehende y une en una impresión total. La caracterización de las figuras secundarias es aún más elíptica, ya que únicamente se reflejan las características sobresalientes, convirtiendo a los personajes en imágenes caricaturescas; la caricatura aumenta proporcionalmente al papel decreciente del personaje en la novela.

Para encabezar los dos grupos antagónicos de personajes en *Nuestro Padre San Daniel* y *El obispo leproso* hemos escogido a los eclesiásticos más prominentes: Don Magín y el padre Bellod. Don Magín, un epítome de sensibilidad y ansia de gozar los placeres de la vida, se enfrenta al padre Bellod, de atrofiada sensibilidad, que se opone firmemente a dichos placeres, considerándolos instrumentos de pecado. El resto de los personajes de la novela se polarizan en alguna de estas dos direcciones. Don Magín, con su sensual fachada, era conocido «por el pisar sonoro y limpio de su bota hebillada.» (*NP*, p. 799)

> Vientre prócer el de Don Magín; vientre y tórax unidos en una curva de lealtad y arrogancia; su cuello lechoso, de niño; la testa robusta, de cinceladas facciones; nariz carnal, recia la mandíbula, la boca gruesa con un mohín y chasquido de saboreo, los ojos dorados y fieles, y la frente soleada porque traía el felpudo sombrero derribado hacia la nuca. (*NP*, p. 801)

[5] L. J. Woodward, «Les images et leur fonction dans «Nuestro Padre San Daniel'», *Bulletin Hispanique*, LVI, núms. 1-2 ,1954), pp. 111-112.

Esta descripción nos recuerda a un famoso y sensual personaje de la literatura hispana, el Arcipreste de Hita. Más tarde queda confirmada tal suposición cuando el Obispo indaga sobre Don Magín, mientras sus enemigos se alegran de una posible sanción: «¿Había llegado para el Juan Ruiz de Oleza el riguroso Don Gil de Albornoz?» (*NP*, p. 809) Don Magín tiene muy desarrollado el sentido del olfato y gusta del aroma de las flores, de la comida y del perfume de las mujeres: «A veces se revolvía como buscando alguna recóndita virtud del aire. No se engañaba: era indicio de reja florida, de mujer perfumada, de humo de buen guiso, de fina candiotera.» (*NP*, p. 801) Le encantan las delicias del paladar: «Don Magín exaltaba las delicias de los sabores.» (*NP*, p. 802) Infunde el placer de vivir a su alrededor: «Con Don Magín la rectoral tenía la clara holgura de una residencia de sencillos señores en perpetuo verano abundante. La gobernaba un amo de una madurez de fruto dorado y jugoso; los cabellos, muy negros; la frente, alta, honesta, y la boca, menuda y encendida.» (*NP*, p. 831) De estos hábiles toques emerge la acabada personalidad de Don Magín. Otros personajes que se mueven en la misma órbita vital son Pablo y María Fulgencia, Purita y Paulina (mientras es joven y soltera, ya que su perspectiva se oscurece al casarse), Don Daniel, Doña Corazón y Don Jeromillo.

El Padre Bellod, el eclesiástico opositor de Don Magín, es el líder del grupo antivida. El antagonismo de Don Magín y el Padre Bellod es evidente en su percepción de la vida; mientras Don Magín está dotado de sentidos en extremo desarrollados, el Padre Bellod ve el mundo con un solo ojo y carece de olfato: «No tenía olfato, y el mejor manjar y gollería para su gusto eran los salazones, principalmente el cecial y cecial de melva.» (*NP*, p. 791) Las características prominentes del Padre Bellod, su crueldad y su obsesión por la castidad, no son juzgadas por el autor; son simplemente presentadas en acciones del prelado, donde la ironía conlleva un juicio elíptico. La diaria labor del Padre Bellod es quemar las ratas que atrapa en su convento y que considera encarnación del demonio. El tenor irónico prevalece en el relato de sus acciones:

Y todas las mañanas el sacristán, los vicarios, los mona-
cillos, las viejecitas madrugadoras le sorprendían tendido,
contemplando las ratas que brincaban mordiendo los alam-
bres de sus cepos. El padre Bellod descogía un buen trozo
del libro de candela, y con certero pulso iba torrándoles
el vello, el hocico, las orejas, todo lo más frágil, y les
dejaba los ojos para lo último porque le divertía su mirada
de lumbrecillas lívidas. La sagrada quietud parecía rajarse
de estridores y chillidos agudos. El padre Bellod concedía
a las presas un breve reposo; entonces se oía el fatigado
resuello del párroco. Pero comenzaba a gemir la cancela;
venía más gente; ya no era posible esperar, y con las
tenazas de los incensarios aplastaba las cabezas de sus
enemigos, y, si se rebullían y le cansaban mucho, tenía
que reventarlos por el vientre. Se horrorizaba de pensar que
tan ruines animales, verdaderas representaciones del pecado, pudiesen alimentarse de las reliquias del pan eucarístico. (*NP*, p. 791)

Cuando se entera de la existencia de las tórtolas que
María Fulgencia ha traído al convento, su consejo nos
lo transmite una de las monjas: «El padre Bellod nos
aconsejó que las hirviésemos.» (*OL*, p. 1018) Su obsesión por la castidad es tan fuerte como su crueldad. El
narrador comenta: «El padre Bellod, el mastín del rebaño blanco de las vírgenes de Oleza, redobló la furia de
su castidad.» (*OL*, p. 946) Ni siquiera permite comentarios médicos sobre el embarazo: «Monera quiso comentar los trastornos nerviosos de la preñez y el padre
Bellod lo evitó enfurecido de castidad.» (*NP*, p. 887) Para
mantener su rebaño de sacerdotes lejos de los «pensamientos diabólicos» los somete a una rigurosa disciplina
de trabajo. (*NP*, p. 792) Su aspecto físico es representado por medio de una caricatura grotesca y sarcástica:
«Ordenado de Epístola, tuvo viruelas el padre Bellod, y
un grano de mal le llagó un ojo, precisamente el del
canon de la misa.» (*NP*, p. 790)

Don Alvaro, Elvira, Don Cruz y Don Amancio están
moldeados en la misma horma negativista que delinea
al Padre Bellod. Don Alvaro es presentado como un personaje austero y ascético desde su llegada a Oleza. La
primera vez que habla en público lo hace «trenzando
sobre los manteles sus manos enjutas de asceta.» (*NP*,
p. 812) Y aún se deduce por una alusión o referencia
elíptica que don Alvaro es un juez incluso más severo
que Nuestro Padre San Daniel; Jimena ve en don Alvaro

los mismos ojos penetrantes y omniscientes del santo. El rango de santo le es otorgado por otros personajes: «Don Alvaro puso su mano de santo en las rodillas de Don Daniel.» (*NP*, p. 847) Pero también se le caracteriza como hecho de piedra, de un material aún más duro que la efigie de madera de Nuestro Padre; Don Magín apunta que su sangre debe estar helada bajo la piedra de la que está hecho. Los dos conceptos que trazan el carácter de Don Alvaro: *santo* y *piedra* —y, por lo tanto, más duro que Nuestro Padre— son unidos por Cara-rajada, que le caracteriza como «un santo de piedra antigua». (*NP*, p. 834) (La representación de Don Alvaro como un juez más severo que el Santo patrón es reforzada por la irónica exclamación de Jimena citada en el capítulo segundo, página 38.) La alusión a las «manos de santo» de Don Alvaro, que establece por primera vez un lazo con el santo patrón de la ciudad, se revela en una afirmación manifiesta en los pensamientos de Don Daniel al contemplar a Don Alvaro mientras va en ruta hacia el *Olivar* después de la boda: «.... Don Alvaro, con las manos enclavijadas sobre su junco, manos de cera como las de un exvoto de Nuestro Padre, y aun parecidas a las del mismo santo; las manos y los ojos, según descubrió un día la Jimena, y le angustiaban ahora las manos y los ojos de un santo en un hombre.» (*NP*, p. 854) Al final de *Nuestro Padre San Daniel* Paulina nota que el santo patrón de la ciudad «era un Don Alvaro espantoso». Después, cuando Paulina intenta obtener ayuda del Obispo para su deshonesto hijo, y al quedar sus esfuerzos sin fruto por estar agonizante el prelado, considera su soledad ante la imagen de Cristo: «Y no podía decírselo a esa imagen ni acudir a la de Nuestro Padre San Daniel, que se parecía a don Alvaro; ni al padre Bellod, de tan horrenda castidad; ni al penitenciario.....» (*OL*, p. 1049) La sequedad de Don Alvaro se hace más patética cuando el orden lógico se invierte y es la imagen del santo la que se parece a Don Alvaro. Otra faceta del carácter de este personaje se revela a través de un análisis psiquiátrico. Semejante a un héroe trágico, pero sin su estatura ni dignidad, Don Alvaro es víctima de una tara en su constitución psicológica. Atormentado por una austeridad impuesta (provocada por el opresivo ambiente), que no le permite disfrutar de los placeres que en potencia subsisten en su vida de casado, es devorado por los celos que le provoca su bella mujer, imaginándosela casada con un marido joven, apasionado y bello. Su cruel reacción con Paulina cuando ella solicita ir a ver a su padre agonizante queda explicada en una visión psicoanalítica del narrador omnisciente: «Y él se petrifica irresistiblemente en un aborrecimiento de su dureza, avergonzándose, a la vez, de la ternura, de la piedad del dolor; y rugió sin querer y gozoso de oírse "¡Ya basta: se muere o se ha muerto!"» (*NP*, p. 888) Resulta significativo que se utilice el verbo «petrificar», que ayuda a desarrollar la imagen inicial de Don Alvaro como un santo hecho de piedra. Estas cualidades del carácter de Don Alvaro aparecen de nuevo al final de *El obispo leproso*, cuando, tras el ilícito idilio de Pablo, ha trasladado a la familia al *Olivar*:

> Don Alvaro se recostaría en los más grandes dolores sin una queja. ¿No repudió a la hermana? ¿No se apartó de su único camino: del ardor de la causa, del odio y de la amistad y del mundo suyo? Sería capaz del mal y del bien, de todo, menos de entregarse a la exaltación y a la postración de la dulzura de sentirse. No se rompía su dureza de piedra, su inflexibilidad mineralizada en su sangre. Siempre con el horror del pecado. (*OL*, p. 1055)

A Don Alvaro también le atormenta un complejo de culpa, resultado de su participación pasiva en el asesinato político cometido por Cara-rajada.

Cuando Don Alvaro se casa con Paulina, asfixia la naturaleza vital que ella posee. Como en el desarrollo de los demás personajes, esto no es abiertamente expresado por el autor, sino colegido por el lector a través de referencias elípticas a medida que se proyectan facetas de la naturaleza de Paulina e imágenes que, de vez en cuando, la rodean. La primera visión interna de su temperamento la presenta como animada, sensible y alegre:

> Paulina bajó a la vera. Sentía un ímpetu gozoso de retozar y derribarse en la hierba cencida, que crujía como una ropa de terciopelo. Acostada escuchó el tumulto de su sangre. Todo el paisaje le latía encima. El cielo se acercaba hasta comunicarle el tacto del azul, acariciándola como un esposo, dejándola el olor y la delicia de la tarde. Se incorporó mirando asustadamente. Siempre se creía muy lejos, sola y lejos de todo. Sin saberlo, estaba poseída de lo hondo y magnífico de la sensación de las cosas.

El silencio la traspasaba como una espada infinita. Un pájaro, una nube, una gota de sol caída entre follaje, le despertaba un eco sensitivo. Se sentía desnuda en la naturaleza, y la naturaleza le rodeaba mirándola, haciéndola estremecer de palpitaciones. El rubor, la castidad, todas las delicadezas y gracias de mujer se exaltaban en el rosal de su carne delante de una hermosura de los campos. Los naranjos, los mirtos, los frutales floridos, le daban la plenitud de su emoción de virgen, sintiéndose enamorada sin amor concreto. La puerilizaban los sembrados maduros viendo las mieses que se doblan y se acuestan, se alzan y respiran bajo el oreo, y juegan con él como rubias doncellas destrenzadas con un dios niño. (*NP*, p. 822)

Las imágenes que siguen a los esponsales con Don Alvaro son tétricamente sugestivas (*NP*, p. 844-845); ya camino de la casa que va a habitar como esposa, la estrecha y oscura calle que atraviesan le produce claustrofobia. Las imágenes actúan como un presagio de su futura «prisión»; siente la necesidad de absorber la naturaleza con todos sus sentidos como una anticipación a las privaciones venideras. (*NP*, p. 847) Una vez casada con Don Alvaro pierde su entusiasmo por la vida, aceptando a su austero marido y sublimando las pasiones reprimidas en el amor por su hijo. (*OL*, p. 982)

El tema de la novela, la opresión de los personajes por el sofocante ambiente, es más conmovedor en el caso de Paulina, cuya naturaleza, que fue vivaz, es doblegada por la voluntad de su esposo y de Elvira, su hipócrita cuñada. El proceso de su subyugación se demuestra en sus acciones (aceptando el aislamiento de su adorado padre) y en cortas visiones nostálgicas que tiene de su pasado (*OL*, pp. 969, 970, 972, 973), visiones que también reflejan la sublimación de sus pasiones reprimidas en un avasallador amor por Pablo. (*OL*, pp. 973, 982, 1011, 1046)

Así, sin dar una acabada caracterización de los personajes principales, Miró los crea en diferentes escenas que llevan un mensaje implícito o una referencia elíptica. Incluso el desarrollo de Pablo, que seguimos desde su nacimiento hasta que tiene diecisiete años, se da en ráfagas. El autor lo presenta como el único personaje de la novela que se rebela abiertamente contra el ambiente opresivo. Sus primeras acciones son las de un chico rebelde que escapa del cenáculo familiar (*OL*,

p. 911); Don Alvaro, Elvira y su insensible cohorte deciden, como medida disciplinaria, enviarle interno al colegio de los jesuítas. En la siguiente visión, Pablo se nos muestra como un alumno travieso que se burla de la disciplina. (*OL*, p. 924) Según avanza la acción hacia su adolescencia, otra nota característica nos descubre súbitamente su naturaleza sensual: sorprende a sus amigos con la analogía que encuentra entre los brazos y pechos desnudos de una escultura del palacio de Lóriz y Purita: «Así los tendrá Doña Purita.» (*OL*, p. 976) Cuando un casto sacerdote jesuíta les regaña, reaparece su carácter desafiante: «¡La hemos mirado todos; y Lóriz y yo más que él!» (*OL*, p. 978) Momentos después, cuando Pablo siente la mirada de Purita sobre él, se sumerge en un sensual deleite. (*OL*, p. 978) Su naturaleza rebelde se afirma de nuevo cuando rehúsa obedecer las órdenes de su padre y besar a su tía Elvira, a quien ha ofendido. (*OL*, pp. 1010-1011) De la infelicidad de Pablo y de las luchas internas que mantiene en el asfixiante ambiente se nos informa directamente. (*OL*, p. 1020) Trata de solazar su reprimido temperamento sensual contemplando dibujos de monjas de diferentes órdenes con diversas vestimentas (*OL*, p. 1028) y dibujos de vírgenes martirizadas. (*OL*, p. 1030) La presentación de varias de las facetas del carácter de Pablo, expuestas en diferentes épocas de su vida, a veces con una técnica claramente elíptica, resulta eficaz al sugerir el resultado cuando se encuentra con María Fulgencia. Mostrando a Pablo como una naturaleza indomable y rebelde, que se resiste a su circunstancia desde la niñez, el autor permite que el lector anticipe las reacciones de Pablo en el encuentro. Para iluminar y enriquecer esta situación, Miró utiliza sutilmente una serie de imágenes: mientras contemplaba los grabados de las monjas, Pablo había acariciado el pie descalzo de la «Religiosa de San Isidoro». Cuando conoce a María Fulgencia lo recuerda: «Y mirando Pablo a María Fulgencia recordó el pie desnudo de la "Religiosa de San Isidoro".» (*OL*, p. 1035) Más tarde, el preludio a su primer momento íntimo comienza cuando Pablo manosea con suavidad un borceguí que María Fulgencia se ha dejado descuidadamente tras de sí:

> Pablo vió un zapato de María Fulgencia. Lo vió, lo tomó y lo tuvo. No lo había soltado el pico de un águila desde

113

el cielo, como la sandalia de la «Bella de las mejillas de rosa» del cuento egipcio, sino que lo cogieron sus manos de la tierra. Tampoco era un zapato, sino un borceguí de tafilete. Y no vió un borceguí, sino el par. Se había quedado solo en el estudio haciendo una copia, y al salir asomóse a la sala. La muñeca del sofá le llamó tendiéndole sus bracitos; y en la alfombra del estrado estaban las botinas de la Monja. ¡Qué altas y suaves! Muy juntas, un poco inclinadas por el gracioso risco del tacón. Sumergió su índice en la punta; allí había un tibio velloncito. La señora necesitaba algodones para los dedos; y el suyo salió con un fino aroma de estuche de joyero. Pies infantiles; y arriba, la bota se ampliaba para ceñir la pierna de mujer. Se acercó el borceguí a los ojos, emocionándose de tenerlo como si la señora, toda la señora, vestida y calzada descansase en sus manos. (*OL*, pp. 1035-36)

Su idilio comienza el día en que Pablo es invitado por el sobrino de Don Amancio durante la ausencia de su maestro; el ambiente es reflejado por la receptiva y sensible mente de Pablo. La descripción elíptica crea una atmósfera cargada de fuertes aromas que se mezclan en el recuerdo de Pablo con las sensuales ceremonias de Semana Santa; lánguidas mujeres, materiales suaves y ricos —damasco, seda, terciopelo— y la ardiente escena entre los estudiantes y las doncellas de la academia. Representaciones sensuales pasadas y presentes excitan a Pablo a un frenesí de pasión y confusión, su mente en lucha entre sus sentidos y su código moral:

La frente de Pablo ardía desgarrada por pensamientos inmundos. Era menester un prodigio que le subiese a la gracia de su complacencia sin el tránsito penoso de los arrepentidos. Acogióse al recuerdo de lecturas y cuadros de apariciones de ángeles que refrescan con sus alas las frentes elegidas; de vírgenes coronadas de estrellas que mecen sobre sus rodillas, en el vuelo azul de su manto las almas rescatadas....

Pablo pidió el milagro de su salvación. Y el milagro le fue concedido; y llegó por una vereda celeste de resplandores como todos los bellos milagros. La franja de sol otoñal se hizo carne y forma. Una voz, que parecía emitida de la luz y exhalar luz, pronunció el nombre de Pablo. (*OL*, p. 1041)

Irónicamente, la presencia de María Fulgencia salva a Pablo, sobreviniendo la relación adúltera, la más imponente rebelión contra el código olezano.

María Fulgencia, por otra parte, es un producto del ambiente místico-sensual de Oleza. Se la caracteriza como una criatura impulsiva, histérica, imprevisible y hermosa en rápidos relatos de sus actitudes y acciones: «María Fulgencia quería comprar la imagen del Angel de Salcillo, aunque le pidieran en precio su casa y sus campos, que comenzaban a mejorar y producir.» (*OL*, p. 935) Cuando el deán intenta convencerla de que tal cosa es una tontería, el diálogo se desarrolla de la siguiente manera:

—He venido a decirte que no puedes comprar el Angel de Salcillo, entre otras razones, porque no puede venderse... ¡Y se acabó! ¡Ni más ni menos!
—Ya lo sabía.....
—¿Lo sabías?
—Sí señor, que lo sabía. Lo que yo quiero ahora es ser monja suya, y así viviré a su lado.
—¿Monja suya? ¡Tampoco, tampoco, porque el Angel de Salcillo no tiene monasterio;
—Si no tiene monasterio, yo lo fundaré! (*OL*, p. 936)

Cuando entra en el monasterio de la *Visitación* «abrió los cofres, los arconcillos, las cestas. Derramó sus ropas, sus sartales, sus briquiños, sus esencias. Repartía flores y dulces; besaba sus tórtolas, meciéndolas en la cuna de su pecho.» (*OL*, p. 938) Y cuando se cansa de la disciplina del convento sale diciendo: «¡Y me casaré con el primero que se me presente!» (*OL*, p. 1019), que fue don Amancio, como ya se ha mencionado. El día predestinado, cuando Pablo se escapa de la orgía de los criados de don Amancio, se encuentra a María Fulgencia: «En una soledad de limoneros en flor, ... sin gloria ni fortaleza de santa, sino toda de lágrimas y dulzuras de mujer, gemía: "¡Pablo, Pablo: usted entre ellos; usted, que era el Angel mío que tiene la mano tendida hacia el cielo!" Pablo se acongojó de pena y de rabia. Ella también lloró, y llorando se besaban en los ojos y en la boca.....» (*OL*, pp. 1041-1042) La caracterización de María Fulgencia emerge implícitamente de presentación directa y diestra, donde aunque el análisis queda elíptico, el lector puede sacar conclusiones bastante certeras.

A través del análisis anterior queda claro que la técnica mironiana de caracterizar personajes principales a base de ráfagas es efectiva, ya que las diferentes facetas suministradas proyectan la impresión acabada que el autor desea crear, incluso si no analiza abierta o explícitamente. Este aspecto implícito de su técnica que compromete la participación del lector es uno de los rasgos de lo que llamamos caracterización elíptica.

Como hemos dicho anteriormente, el término «caracterización elíptica» también puede aplicarse a la caracterización de los personajes secundarios. Estos personajes secundarios muestran un menor número de facetas reflejadas como características sobresalientes, presentadas de una manera brusca y caricaturesca. Es el caso de Elvira, aunque su proximidad a Don Alvaro y Paulina le asigne un papel más amplio que el de mero personaje secundario. Su introducción en la novela se efectúa a través de su analogía con una serpiente: «Alta, enjuta, inquieta; se le retorcían las ropas con un movimiento de sierpe.» (*NP*, p. 848) Caricaturescamente también se la compara a un ave de presa: «Y sus índices afilados le clavaron los párpados.» (*NP*, p. 889) La caricatura de Elvira no sólo sugiere analogías con animales malignos o con el sinuoso reptar de las serpientes, sino también con la frialdad de una estatua: «Adelantóse la hermana de Don Alvaro, ardiéndole los ojos socavados en su máscara de yeso» (*NP*, p. 861); sus dedos se describen como «unos dedos rígidos y huesudos.» (*NP*, p. 871) «La máscara de yeso» denota también su hipocresía, que esconde su verdadera naturaleza animal. Las imágenes que surgen de su caricatura se yuxtaponen y se muestran en su totalidad en la visión que Don Daniel tiene de ella:

> A su lado sentía don Daniel la sequedad ardiente de Elvira, rígida de sedas viejas; su cabello en ondas de tenacilla cubriéndole un poco el frontal huesudo y grande como el del hermano; los ojos con azules de fósforo húmedo; la mantilla, tupida, puesta con remilgos y malicias que le dejaban una expresión beata y sensual. Todo su rostro, enyesado y duro, se animaba por la roja vibración de la lengua, siempre refrescándose los labios de aristas y calentura. (*NP*, p. 853)

Todos los rasgos característicos de Elvira se mezclan en esta visión, donde su ardiente naturaleza se esconde bajo su hipócrita máscara; sus malignas cualidades se manifiestan en la fosforescencia de sus ojos, que asemejan fuego; al igual que los movimientos de áspid de su lengua recuerdan el veneno. Numerosos rasgos caricaturescos referentes a Elvira refuerzan a través de la novela la imagen inicial: «Elvira crispada, rápida, con los pómulos de cal, las sienes recalentadas y entre las vedijas de crepé aparecían los calveros de la edad. Sus ropas, retorcidas a sus huesos como una piel arrebatada y tirante con un brillo húmedo en sus ojos ávidos...» (*OL*, p. 970), y más tarde, «parecía más flaca y su piel más verde entre las grietas de su yeso de arroz» (*OL*, p. 971): el color verdusco de su piel sugiere la aparición de una serpiente, acentuando la imagen inicial. La hipocresía en Elvira, sin embargo, se muestra tanto en sus declaraciones como en sus acciones. Afirma: «Un hijo de lo primero que sirve es de malicia para llevar la cuenta de pasadas satisfacciones en que fue engendrado.» (*NP*, p. 901) Finalmente su naturaleza queda al descubierto cuando se arroja sobre su joven sobrino intentando en vano de excitarle. (*OL*, p. 1046)

El miembro principal de la familia Egea, Don Daniel, está también caracterizado con toques caricaturescos que permiten al lector deducir su personalidad. Su ingenuidad y debilidad quedan expuestas en sus atributos infantiles: «Don Daniel, dulce, aturdido, con su levita de bodas, guantes blancos de escolar de una pureza de primera comunión.» (*NP*, p. 807) Cuando se encuentra a Don Alvaro: «Ya no hizo sino mirarle y atenderle. Ese hombre equivalía al príncipe. Y repitiéndoselo se fervorizaba su sangre infantil y devota. Con la servilleta atada en la nuca, colgándole anchamente como un delantal, parecía un muchacho en tarde de bautizo a punto de acometer las hondas bandejas de mantecados de las Salesas....» (*NP*, pp. 811-12)

La prima de Don Daniel, Doña Corazón, queda retratada de un solo plumazo como «la resignada virgen.» (*NP*, p. 794) Sus cualidades virginales se reflejan también en su apariencia física: «muy blanca» (*NP*, p. 974) y de una delicada palidez, «palidez delicada de la viuda». (*NP*, p. 803) El amigo de Doña Corazón, Don Jeromillo, pastor de las *Salesas*, es caracterizado de manera humorística y caricaturesca. En pocas líneas su papel funcional como el amigo simplón de Don Magín queda cubierto por un proceso directo que refleja sus características más notables:

Menudo, rollizo, moreno y pecoso; el cabello amaizado, las cejas anchas y huídas, la piel de la frente en un renovado oleaje de perplejidad; los ojos, de un vidrio claro y húmedo; de todo se pasmaba, y sus manos se cogían la nuca como temiendo que se le derrumbase la Creación encima de su atlas. Solía equivocarse en los rezos, y por enmendarlos, se pasaba el día devorando el Breviario. Andaba siempre corriendo, tropezando, trabándose en sus haldas. Leía las Sagradas Escrituras con ánimo de no comprenderlas, porque ¿quién era él para tanto? Exaltábale la lección del Diluvio.. Sus hermanas le pedían que no se agoniase. ¡Aquello había ya pasado! Y le cerraban el Génesis. Pero don Jeromillo se obcecaba en sus cavilaciones exegéticas, apuñazándose la cerviz, mordiéndose los artejos.

... ...

Su amigo y valedor era don Magín, teniente cura de Nuestro Padre. (*NP*, p. 799)

En la facción opuesta a Don Magín-Jeromillo tenemos a Don Amancio Espuch, caracterizado en breves pero definidoras descripciones: «Era el señor Espuch casi joven y estaba ya calvo, seco y rendido de hombros; era célibe, y parecía viudo.» (*NP*, pp. 793-794) La caracterización de la mayor parte de los restantes personajes se enfoca caricaturescamente. Doña Purita, a quien Pablo asocia con una escultura de una diosa, se nos presenta en acción: «Salió Purita, la virgen rubia más garrida y ennoviada de la diócesis, dando brincos de pájaro que le hacían palpitar todas sus gracias.» (*NP*, p. 902) Su sensualidad se subraya cuando contesta a Don Magín: «¿De modo que no me casaré, no me casaré nunca? «Y Purita lo dijo mirándose, desde su virginidad, sus pechos, sus brazos, sus caderas de diosa, de diosa casada; ....» (*OL*, p. 957) A los amigos de Purita, los Condes de Lóriz, se los retrata con ráfagas que connotan cierto aire de sensualidad decadente; cuando la Condesa visita al herido Don Magín «se penetraban de perfume y claridad de elegancia de mujer con la aparición de la de Lóriz.» (*NP*, p. 901) Después del nacimiento de su hijo Máximo, los condes son vistos en la intimidad tras las ventanas de su Palacio: «Los padres les siguieron gozosamente, y sobre un fondo de apacible riqueza de tapiz se besaron en la boca.» (*NP*, p. 905) Cuando regresan a Oleza tras ocho años de ausencia, el narrador comenta acerca del conde: «Lóriz semejaba más menudo. Todos los Lóriz, en la madurez —según los lienzos de la sala familiar—, se quedaban cenceños y mínimos. Y este descendiente ya parecía un antepasado suyo, con empaque de reverdecida juventud, esa juventud de las decadencias adobadas por el ayuda de cámara.» (*OL*, p. 939.) Los enemigos de Purita se reúnen en la tertulia de las dos solteronas, *Las Catalanas,* cuyo ascetismo es puesto de relieve con sarcasmo en breves pinceladas:

> Altas, flacas y esquinadas; los ojos, gruesos, de un mirar compasivo; el rostro, muy largo; los labios, eclesiásticos; la espalda, de quilla, y, sobre todas las cosas, vírgenes. Sus lutos —todavía de retales de las tiendas nadie los creería de viudez ni de maternidad rota. Solteras. Estatura, filo y pudor de doncellez perdurable. Para ser vírgenes nacieron. Las dos hermanas se horrorizaban lo mismo del pecado de la sensualidad que nunca habían cometido, y casi tanto temían el de la calumnia, prefiriendo que fuesen verdaderas las culpas que se contaban en su presencia. (*OL*, p. 950)

La mujer del médico, la Monera, que es miembro asiduo de la tertulia de *Las Catalanas*, queda también caracterizada por medio de la caricatura que subraya su robusta apariencia y deja sobreentender su tendencia a escalar puestos en la sociedad; tenemos un ejemplo de sus acciones cuando se prepara para unirse a la Condesa Lóriz:

> Llegó la Monera, redonda, sudada y el pecho repolludo de terciopelos, de azabaches, de blondas, de collares y cadenillas de joyeles. Se ahogaba del cansancio de traer sus galas por las iglesias, pero la reventaba el gozo. Subía sus manos para pulir su tocado, y se le enzarzaban los dijes con el rosario de nácar, con el abanico de concha, con el redículo lleno, con los broches de la «Semana Santa» de peluche, y jadeaba más. (*OL*, pp. 969-970)

Buenos exponentes de la técnica mironiana son esos otros personajes femeninos que aparecen brevemente con rasgos caricaturescos como Ivonne-Catherine, casada recientemente con el tío de María Fulgencia, que fugazmente se nos manifiesta como una muñeca: «Apareció tío Eusebio con la esposa *casi nueva*, una dama bordelesa, que hablaba un español delicioso y breve. Era toda de elegancia, en su vocecita, en sus mohines, en sus miradas y actitudes como si su cuerpo, sus pensamientos, su habla y su corazón fuese también obra de su modisto. Toda la consulesa, y el cónsul también toda moda.» (El subrayado es mío.) (*OL*, p. 932) En esta caracterización debe notarse el conceptismo «casi nueva» que al mismo tiempo que se aplica a la *nueva* desposada fortalece la imagen de la mujer del cónsul como un objeto, en este caso, una muñeca de Dresde.[6] La inmovilidad esencial de este personaje-muñeca es subrayada por una observación de María Fulgencia cuando oye a su tía pronunciar una frase: «María Fulgencia se pasmó de que lo hubiese dicho sin mover la boca, empastada tirantemente de carmín.» (*OL*, p. 932) En contraste con este personaje caricaturesco femenino figura Doña Nieves, la Santera: «En Doña Nieves se daban tres cualidades, por lo menos de su nombre: blanca, fina y fría. El tono de su habla quebradiza semejaba de niña enferma y con regaño. Sus ojos, de un azul pálido y quieto, presenciaban impasibles los dolores y desventuras de casi todas las familias de Oleza.» (*OL*, p. 958) A través de estas rápidas pinceladas, Doña Nieves emerge tan fuerte y estable como frágil y artificial es la mujer del cónsul.

Dos figuras varoniles, el señor Hugo y Don Roger, se nos presentan como una pareja llena de colorido cuya caracterización caricaturesca en cierta manera evoca a Don Quijote y Sancho. El gimnasta, señor Hugo, es:

> ... muy encendido, muy extranjero, de facciones largas, de una longura de adolescente que estuviera creciendo, y crecidas ellas más pronto semejaban esperar la varonía; también el cuerpo alto, de recién crecido, y el pecho de un herculismo profesional. Al destocarse, se le erizaba una cresta suntuaria de pelo verdoso. Erguido y engallado, como si vistiese de frac, su frac bermejo de artista de circo. Toda su crónica estaba contenida y cifrada en su figura como en un vaso esgrafiado: el origen, en su copete rubio; el oficio, en su pecho de feria; el nomadismo, en su chalina rozagante y en su lengua de muchos acentos forrados de castellano de Oleza; y la sumisión de converso, en sus hinojos y en su andar. (*OL*, p. 922)

---

[6] Véase el comentario de Rafael Bosch en una nota de la página 95 de este estudio.

120

Su antagonista, el profesor de música, Don Roger, es:

> ... todo ancho, redondo, dulce. Cejas, nariz, bigote, boca, corbatín y arillo, manos y pies muy chiquitines. El vientre le afollaba todo el chaleco de felpa naranja con botoncitos de cuentas de vidrio; los pantalones, muy grandes, le manaban ya torrencialmente desde la orla de su gabán color de topo, desbordándole por las botas de gafas y contera. Nueve años en la ciudad, y todos creían haberle visto desde que nacieron y con las mismas prendas, como si las trajese desde su principio y para siempre. Le temblaban los carrillos y la voz rolliza, como otro carrillo. Se ponía dos dedos, el índice y el cordal, de canto en medio de los dientes; los sacaba, y con esa hendedura le salía, de un solo aliento, un *fa* que le duraba dos minutos. (*OL*, p. 923)

La presentación caricaturesca de los personajes tratados en este análisis muestra claramente las cualidades del *esperpento*, cuya estética citamos con palabras de Valle-Inclán al principio de este capítulo.

El último personaje que debemos tratar es el de Cara-rajada, ya que es el único que se caricaturiza —en línea con la técnica elíptica mironiana—, pero al mismo tiempo se expone en autoanálisis, cuando descubre sus problemas psicológicos a Don Magín, como si estuviera en el sofá del psiquiatra. Incluso el nombre escogido por el autor para el personaje —Cara-rajada— refleja su deformación desde un principio. Su aspecto lo describe primeramente Paulina:

> Era descarnado, de una piel de cera sudada; vestido de luto. Una cicatriz nudosa le retorcía la quijada izquierda.... La dominaba la fealdad del aparecido, sus ojos de un unto de lumbre, su palabra de fiebre.... La cicatriz del descarnado la cegaba de repugnancia. La quijada, los labios, la sien, toda la cabeza era de cicatriz. (*NP*, p. 283)

Lo volvemos a ver en el *Arrabal de San Ginés* mientras se recobra de un ataque de epilepsia:

> El cráneo del enfermo comenzó a removerse. Se le despertaban y emblandecían las vértebras que tuvo cuajadas tirantemente en un tétanos pavoroso; apareció la pupila en el blancor de las órbitas, y su mirada buscó al capellán. La cicatriz de nudos azules le relucía de sudor y de limpidez de lágrimas. (*NP*, pp. 830-31)

121

La caracterización queda completa después de esta descripción física y se dedica un capítulo a su psicoanálisis, con Don Magín como psiquiatra. (*NP*, pp. 832-839)

Es evidente que la caricatura mironiana de los personajes menores se aplica principalmente al aspecto físico, pero aunque la caracterización psicológica está elíptica, las cualidades psíquicas del personaje emergen de la caricatura. Recíprocamente, los personajes principales se presentan de manera prismática que sugiere la impresión de una caracterización acabada a base de descripciones fugaces y oblicuas. En la técnica mironiana de la caracterización, aunque el análisis abierto del autor es elíptico, aparece sutilmente insinuado o irónicamente reflejado.

VI. IRONIA Y HUMOR

A. Ironía: una concepción elíptica

Como Northrop Frye expresa en su ensayo, «Theory of Modes», en la *Etica* de Aristóteles queda explicado el concepto de ironía. Aristóteles describe dos tipos opuestos de hombres, el *eiron* y el *alazon*. El primero se hace invulnerable al autocriticarse; es el artista predestinado, mientras que el segundo es la víctima predestinada del artista. Frye nos expone lo que significa la palabra «ironía»:

> ... a technique of appearing to be less than one is, which in literature becomes most commonly a technique of saying as little and meaning as much as possible, or in a more general way a pattern of words that turns away from direct statement or its sure obvious meaning....
>
> The ironic fiction-writer, then, deprecates himself and, like Socrates, pretends to know nothing, even that he is ironic. Complete objectivity and suppression of all explicit moral judgements are essential to his method. Thus pity and fear are not raised in ironic art: they are reflected to reader from the art. When we try to isolate the ironic as such, we find that it seems to be simply the attitude of the poet as such, a dispassionate construction of a literary form, with all assertive elements, implied or expressed, *eliminated*.[1] (El subrayado es mío)

---

[1] Northrop Frye, *Anatomy of Criticism* (New York, 1969), pp. 40-41.

En su análisis del método irónico, Frye afirma que la técnica de «decir una cosa queriendo decir otra» se encuentra en la doctrina de Mallarmé, que trata de evitar la definición directa: «The practice of cutting out predication, of simply juxtaposing images without making any assertions about their relationship, is consistent with the effort to avoid oratorical rhetoric.» [2]. En el contexto de estas citas situamos el irónico tratamiento mironiano de la realidad como concepción elíptica, ya que tras cada definición irónica hay una afirmación elíptica.

Aunque Miró utiliza una gran variedad de imágenes al expresarse, evita la oratoria retórica en su visión conceptual del mundo, visión que a menudo presenta oculta en diferentes grados de ironía. Miró enfoca la realidad con un humor malicioso, con un giro irónico de crítica social, o por medio de una más hiriente sátira social. *Nuestro Padre San Daniel* y *El obispo leproso* están impregnados de estos tres grados de ironía, llevados a cabo hasta sus últimas consecuencias. El tono irónico y/o humorístico se muestra en diversas facetas del esquema estructural. La estructura presenta una Oleza dividida que el autor examina irónica o humorísticamente. Se encuentran ejemplos tangibles de este proceso en la presentación de los dos cultos rivales con las supersticiones que implican, y en la polémica sobre los dulces que produce Oleza y que enfrentan a los dos partidos políticos rivales. La acción circular estructural de la novela (que hemos estudiado en el Capítulo I) se aplica también a los episodios humorísticos, como demostramos en la sección dedicada al humor en el presente capítulo. Toda la novela está, desde luego, envuelta en ironía, tanto en los conceptos como en los detalles. El contraste entre los individuos y los papeles que representan dentro del cuadro social se manifiesta irónicamente; sutil ironía es la que fluye de la máscara de los personajes yuxtapuesta a lo que representan. Por ejemplo, por un lado tenemos a Don Álvaro, el *esposo* de Paulina, que es «un hombre puro, pero de una pureza enjuta; ... parece que se le haya helado la sangre bajo la piedra que fue hecho....» (*NP*, p. 838) Por otra parte, tenemos a Don Magín, un *sacerdote*, que, sin embargo, es un hombre sensual (aunque no impuro) capaz de

---

[2] Frye, p. 61.

apreciar la belleza de la naturaleza y de las mujeres como Purita. Sin embargo, Don Magín es un *buen sacerdote;* es puro, pero su pureza no es «enjuta», mientras que Don Alvaro es un *mal marido,* su pureza no sólo es «enjuta», sino también falsa. Es el producto de una sensualidad lasciva que un complejo de culpa y una equivocada idea de la religión ha convertido en «pureza» petrificada. Elvira y Purita nos muestran dos tipos de ironía contrastada. Elvira tras una actitud falsa, *artificial,* esconde su naturaleza depravada, considerándola los otros personajes como una mujer *pura.* Purita, a fuer de *natural* en sus reacciones, es considerada *impura.* Este aspecto irónico de la novela lo presenta Miró «elípticamente», ya que el contraste no se efectúa necesariamente colocando dos juicios, uno al lado del otro. Es necesario leer la novela por entero (ambas partes) para comprobar los aspectos irónicos, pues al unir las diferentes piezas informativas desembocamos en el tipo de conclusión irónica mencionado. También es irónica la forma en que Miró muestra el cambio inevitable que provoca el tiempo. Oleza, una sociedad casi estratificada, marcha hacia el progreso a pesar de sí misma. Una inspección cuidadosa del texto nos muestra cómo por medio del detalle se logra el sempiterno tono irónico. La ironía se percibe desde las primeras páginas de *Nuestro Padre San Daniel,* ya que el autor, que normalmente coloca el foco de su técnica irónica en los personajes, comienza dirigiendo su ingenio contra el cronista, Espuch y Lóriga, a quien describe a través de un cuadro:

> He visto un óleo del señor Espuch y Lóriga: en su boca mineralizada, en sus ojos adheridos como unos quevedos al afilado hueso de la nariz, en su frente ascética, en toda su faz de lacerado pergamino, se lee la difícil y abnegada virtud de las comprobaciones históricas. Todos sus rasgos nos advierten que una enmienda, una duda de su texto, equivaldría a una desgracia para la misma verdad objetiva.
>
> En Oleza corre como adagio: «Saber más que Lóriga.» Lóriga ya no es la memoria de un varón honorable, sino la cantidad máxima de sapiencia que mide la de todos los entendimientos. (*NP,* p. 781)

En la medida en que una sutil ironía cae sobre el cronista en las primeras líneas de la novela, su producción —las Crónicas de Oleza— también quedan bajo una visión irónicamente humorística. El tono irónico burlesco empleado en la presentación de Oleza, escenario de esta novela, queda bien sentado desde el principio, utilizando para tal propósito a su cronista, a sus santos patronos y a sus gentes, todos vistos a través de una forma bifurcada en donde el sempiterno tono irónico permanece subyacente. Por eso lo hemos catalogado como proceso elíptico.

El «Olivar de Nuestro Padre», propiedad de las familias Egea y Pérez Motos, es considerado en las crónicas de Espuch y Lóriga como un lugar casi sacrosanto, con bíblicas reminiscencias de eternidad: «Dice el señor Espuch y Lóriga que no hay, en todo el término de Oleza, casa-heredad de tan claro renombre como el "Olivar de Nuestro Padre", de la familia Egea y Pérez Motos..... antes de Oleza "ya estaba" el "Olivar de Nuestro Padre".» (*NP*, p. 781) El comentario del narrador sobre la inocente frase adverbial utilizada por el historiador es: «O como si escribiese con la encendida pluma del águila evangélica: en el principio era el Olivar.» (*NP*, página 781)

El lector queda ya preparado para contemplar el pasado histórico de Oleza con una condescendiente sonrisa, mientras lleva en su mente la visión ingenuamente chauvinista del infatigable y ascético cronista. En forma rítmica, el narrador comienza interpolando breves y aparentemente inocentes comentarios; según aumentan las líneas, se amplía el ángulo humorístico y la sonrisa del lector. El proceso se lleva a cabo con suavidad y sutileza, revelando el refinado arte del novelista que evita caer en lo grotesco.

Los breves y crípticos comentarios del narrador se añaden a medida que se despliega el trasfondo histórico y milagroso de Oleza. El primer milagro de San Daniel se consuma en el árbol que se utilizó para labrar su propia efigie: «De 1580 a 1600 —*según pesquisas del mismo señor Espuch* (subrayo las interpolaciones)— un escultor desconocido labra en una olivera de los Egea la imagen de San Daniel, que por antonomasia se le dice el "Profeta del Olivo".» (*NP*, p. 781) La explicación continúa: milagrosamente, un laurel crece en el herido tronco del olivo, y el narrador nos dice que de este milagro queda constancia en latín: su resumen es: «*Fue el primero.*» El segundo milagro, «*afirma el infatigable señor*

126

Espuch», fue el consumado por la imagen en su escultor, que queda manco, «para que no esculpiese otra maravilla.» La ironía aumenta por el hecho de que el *milagro* realizado por la estatua es un acto de crueldad; esto a su vez hace que el nombre dado al santo patrón sea irónico, pues *padre* conlleva cualidades benignas. El narrador procede a describir a través de referencias irónicas la escultura del Santo Patrón, interpolando la descripción con líneas del Deuteronomio:

> El rostro demacrado y trágico de la escultura no parece avenirse con el espíritu de las profecías mesiánicas ni con la gloria del que se adueñó de los príncipes. Pero es la imagen de San Daniel. Su autor la dota de atributos de legitimidad. Le pone en un costado una foja graciosamente doblada que dice: «Yo, Daniel, yo vi la visión...»; y a los pies, tiene la olla del potaje y la cestilla de pan que le llevó Habacuc colgando de un cabello. (*NP*, p. 782)

La imagen concede tantas gracias que su «título geórgico de "Profeta del Olivo" trocóse por el dulce dictado de "Nuestro Padre"». Pero la inundación de 1645 barre la efigie de su humilde pedestal, y entre los despojos que arrastra la corriente se adivina una túnica y una peluca flotantes; se rescata al «náufrago» con garfios y ocurre que es *Nuestro Padre*. A partir de entonces adquiere cierto tinte morado, una mueca de asfixia, y el sobrenombre de «El Ahogado». (*NP*, p. 782)

Irónicamente se hace burla de la credulidad de los olezanos: un día corre el rumor por Oleza de que el laurel milagroso no tuvo su raíz en el tronco del olivo, origen de la estatua, sino justo a su lado, sin embargo: «no se menoscaba su gloria. Ni siquiera se comprueban las murmuraciones. Es preferible admitir el milagro que escarbar en sus fundamentos vegetales.» (*NP*, pp. 782-783)

Habiendo determinado el tono de la novela de esta irónica manera, Miró continúa utilizando el humor y la ironía como instrumentos funcionales en su estructura. En Oleza hay cultos rivales, partidos políticos rivales, y visiones diametralmente opuestas de la religión católica. Todas estas divisiones se exponen a través de la ironía y el humor.

El culto y la glorificación dedicados a San Daniel rivalizan con la devoción olezana a la *Virgen del Molinar*. Su efigie ha aparecido milagrosamente y tiene cualidades sobrenaturales que otorgan fertilidad. Una joven y bella desposada, incapaz de concebir, ofrece a la Virgen todas las joyas que ha recibido como regalo de bodas. Sin embargo, por egoísmo se retracta en su ofrecimiento y considera que sólo determinadas joyas antiguas, las regaladas por su suegra, se ajustan al carácter de la imagen: «Son de muy pobre rancidez, y se acomodan mejor en el arcaísmo de la Virgen que en la lozanía de los pechos y brazos de la novia. Y se las presenta conmovida, como si sufriese mucho.» (*NP*, p. 783) Después de nueve meses, su suegra da a luz un niño.

Las ceremonias de la víspera de San Daniel proporcionan una magnífica e irónica exposición del fetichismo y debilidad humana de los olezanos. Se ha tejido un tapete alrededor del Santo, un ornamento que adquiere poderes milagrosos. En la víspera de San Daniel, mientras el reloj da las tres, al creyente que toque el borde de este rico tapete formulando sus deseos en alta voz, se le otorga una de cada tres peticiones:

La muchedumbre, que trae escogida la triple súplica, asalta la parroquia; se oprime, se desgarra, se maldice, se revuelca a la vera del recio paño. Gritan los sacerdotes para acallar el tumulto; gritan también los fieles; lloran los parientes —porque acuden enteras las familias y así puede la estirpe alcanzar el sitio de gracia—; pero algunos desconocen la voz de la sangre, y se arrancan de la sagrada alcatifa, que reluce con magnífica frialdad de joyerío. Viene de lo alto el latido de las entrañas caminantes del reloj. Recrece la disputa, el lloro, el ansia. La angustia del tiempo que ya se cumple, el pasmo de la fe, el miedo a la memoria y a la lengua en el rápido trance de las imploraciones, traspasan y aturden a la multitud. Ropa y carne rezuman. Siéntese el resistero y olor de candelas ardientes, de exvotos, de piel, de cabellos sudados. Algunos delicados cuerpos se derriban desfallecidos, y los que están detrás se precipitan, los apartan y les ganan el lugar de las eficacias. ¡Las tres! Es decir, los cuartos de las tres. Clamor y silencio. La primera campanada, y del gemir de los arrodillados prorrumpe un «¡Que se salve...!» «¡Que yo...!» «¡Mi llaga!... «¡Que no se sepa...!» «¡Que no sea pecado lo de...!» La segunda campanada: alaridos de los que tropezaron en el primer ruego; pendencias de los que se engañan y repiten la voluntad ajena. La última campanada: voces y plañidos, y el júbilo y el trueno de la muchedumbre que se empuja por salir. Los ojos de Nuestro Padre escrutan su casa, nublada por el vaho de la emigración de sus ovejas. (*NP*, p. 785)

Aunque el autor se imbuye en la liturgia con una especie de esteticismo hedonístico, algunas ceremonias no escapan a su ironía. Cuando llega el nuevo Obispo, su atención se centra en el pobre hombre que a caballo lleva el pendón de la comitiva olezana:

> Mucho costó ordenar la comitiva. Trajo el pendón de Oleza —de seda verde con un castellar árabe y cruz de plata— el alguacil-pregonero, un viejo huesudo y cetrino, recién afeitado, vestido de ropilla de felpa negra con vuelillos y gola de rígidos encajes. Montaba una yegua pía, que, avezada al reposo lugareño, asombróse de la multitud y botó a lo cerril y descompuso las hileras de la gran parada de guardias rurales con sus carabinas de cebillo y pedernales, de huertanos en zaragüelles y con cayada de clava, de asilados, seminaristas, congregantes y colegiales con estandartes y banderas de muharras de símbolos piadosos: el monograma de Jesús, el de María, los Sagrados Corazones..... Voceaban los buhoneros y los vendedores de limonadas, de agua de nieve, de rollos y santos de azúcar candeal, de vidas y retratos del señor obispo. Y la jaca briosa iba cejada, llevándose y trayendo a su jinete, cogido de las crines, revuelta la esclavina y el sombrero de candil todo erizado y cortezoso de las muchas caídas. Le seguían siempre los rapaces, dándole el pendón, que se le escapaba porque no podía valerse de las manos, y, finalmente, se lo ataron a los arzones. Reducida la bestia heráldica, se puso delante de las Juntas y autoridades, y todos caminaron procesionalmente legua y media. (*NP*, pp. 806-807)

Pero, casi siempre, la ironía de Miró se aplica directamente a los personajes como individuos, aunque sean portavoces de las maneras diferentes de entender la fe católica. Los hay austeros como Don Cruz, Don Alvaro, Elvira, el Padre Bellod y Don Amancio; sensuales, como Don Magín, María Fulgencia; y simples como Don Daniel, Doña Corazón, *Las Catalanas*, Don Jeromillo, el *deán*, y Monseñor. Ni siquiera los personajes por quienes el autor siente simpatía escapan a su vena irónica o burlona. En una conversación que mantienen Don Cruz y Don Daniel, ridiculiza abiertamente al primero, pero también Don Daniel, que cuenta con su simpatía, cae dentro de la órbita burlesca. Don Cruz señala al propie-

tario del *Olivar* la excelsitud de su profético nombre en
una verdadera exégesis bíblica que el autor destina al
ridículo. Don Daniel responde:

> —¡Es que es verdad! ¡Daniel! ¡Se llamaba como yo,
> Dios mío!
> Y el señor Egea cruzaba valerosamente sus brazos, vién-
> dose rodeado de feroces leones, enflaquecidos de hambre,
> que se le postraban y lamían desde las rodilleras hasta sus
> zapatillas de terciopelo malva, bordadas por doña Cora-
> zón Motos, prima del hidalgo y dueña de un obrador de
> chocolates y cirios de la calle de la Verónica. (*NP*, p. 790)

El Padre Bellod, que lleva el peso de la antipatía de
su creador, es tratado con más sarcasmo que los otros
personajes: «Ordenado de Epístola, tuvo viruelas el Padre Bellod, y un grano de mal le llagó un ojo, precisamente el del canon de la misa.» (*NP*, p. 790) La obsesión
del eclesiástico con la virtud de la castidad lo convierte
en un temido confesor del rebaño femenino, y en un
deleite para el ingenio de Miró: «El rayo de la cólera
verbal de Tertuliano se encendía en la lengua del indomable justo pensando en las *indignidades del matrimonio* y viendo que sus criaturas no se amaban a sí mismas hasta el propósito de la continencia.» (*NP*, p. 790)

La concepción que Don Alvaro y Elvira tienen de la
religión se critica irónicamente en los comentarios de
Purita y Jimena, dos personajes del grupo opuesto a las
austeridades de Don Alvaro y su cohorte. (*OL*, pp. 960-
961) Tales comentarios resaltan uno de los aspectos más
importantes del conflicto de la novela: la lucha entre
dos concepciones de la religión católica diametralmente
opuestas.

El Obispo y el Padre Bellod, representantes ambos
de estas concepciones encontradas, son enfrentados en
un episodio de irónico humor. En el capítulo que se
titula «En palacio», en la Parte Cuarta de *Nuestro Padre
San Daniel*, la acción progresa con su acostumbrada lentitud. Fuera del palacio llovizna y está neblinoso; en el
interior los oficiantes encienden sus velas, y el ruido del
crujimiento de legajos predomina en el cuarto. Se trata
de un preámbulo a la audiencia obispal. Poco después
llega una comisión para ver al Obispo; su presentación
nos hace creer que los asuntos de los comisionados son
elevados y que conllevan decisiones importantes:

Pero toda la curia estaba en el cancel del patio viendo pasar una Comisión. Corpiños brochados, manteletas y blondas de damas, levitas, carriks y gabanes embebidos de la llovizna. Don Amancio y Monera llevaban de dos asas una arquillla como un féretro....

....

Pasaba la lucida Comisión.....
Volvióse el obispo.

Don Amancio leyó la súplica: «Traían el nuevo pendón del Círculo de Labradores, tejido más de virtudes que de sedas, bordado más con el corazón que con los dedos de la mujer olecense, para que el Pastor amantísimo lo bendijese...» Y tuvo que enrollar su discurso. Se lo interrumpió su ilustrísima, prometiendo hacer lo que le pedían y ordenando a sus pajes que le pusieran la caja en el Oratorio. (*NP*, pp. 859-860)

La pompa y ceremonia que rodea a la comisión, contemplada cuando entra en los terrenos de palacio por toda la curia, termina en un efecto insignificante y anticlimático: el Obispo hace retirar rápidamente el pendón que trae la comisión, interrumpiendo el discurso del portador. El autor enfatiza esta técnica con la ironía que converge en los términos «pasaba la *lucida* Comisión», pero el orador «tuvo que *enrollar* su discurso».

El siguiente punto del programa de la Comisión es formular una queja por la lenta restauración de la capilla del Santo Patrón: «El Padre Bellod no ocultaba el peligro de que viniesen los grandes días del triduo de San Daniel y que su capilla, es decir, la casa de la fe, siguiese privada de culto.» (*NP*, p. 861) La frase final del Obispo es irónica y cortante: «Ni al arquitecto ni a mí nos es dado hacer milagros. ¡Pídanselos a Nuestro Padre!» (*NP*, p. 862) En este ejemplo vemos cómo se ha creado una atmósfera de expectación provocada por la pomposa ceremonia, y cómo un humor irónico ha hecho explotar la burbuja.

Técnica parecida se utiliza en otro acontecimiento dentro del mismo capítulo («En palacio»), cuando Cararajada ve a Paulina entre los que solicitan audiencia y le da un ataque entre epiléptico y erótico que atrae a los estrepitosos eclesiásticos y al mismísimo Obispo. Sin embargo, el episodio finaliza con los gemidos de animalillo del epiléptico, que se dobla a los pies del Obispo, sin que se hagan comentarios sobre él en el capítulo. La acción

131

salta inmediatamente a otra cosa. El efecto del anti-climax se resuelve en una orden dada al ingenuo arqueólogo, que ha sido el testigo más próximo de la escena y el que ha solicitado ayuda: se le pide que cierre el paraguas que ha abierto en su confusión. Miró no puede resistirse al giro irónico o al toque de humor incluso en las situaciones más dramáticas:

> Un rito de ronquera espasmódica le hizo revolverse.
> Cara-rajada se volcó en su sillón; llamaba a Paulina, besando encima del nombre, llenándolo de requiebros.
> Toda la faz de Orduña se plegaba por el ahinco de explicarse motivadamente lo que no tenía más remedio que oír, y oírlo con celeridad de aquella locura desesperada. Varón casto hasta por apocamiento, por crasitud y pereza corporal, espantóse de los alaridos que le rodeaban de imágenes de lujuria. Y con toda la tosquedad de su carne inocente, su puño trémulo y enorme tapió la boca del condenado como si cubriese una impudicia.
> Cara-rajada rebotó desde la tarima a la estera.
> Quedóse el arqueólogo mirándose los dedos que le manaban espumas y sangre de las abominables encías. Y todo lo más rápidamente que pudo se dijo: «¡Acabo de matar a este hombre!» Y se asomó al cancel gritando.
> Acudió un fámulo lampistero. Vinó también el hortelano con su mastín. Se llenó la escalera de un estrépito de zapatos gordos. Bajaban familiares y pajes. Presentóse el secretario de cámara, y después, su ilustrísima.
> Mosén Orduña le recibió llorando con toda la fortaleza de su laringe.
> Un familiar le ordenó:
> —¡Cierre usted el paraguas!
> El paraguas le techaba con sus alas de murciélago, y se puso a cerrarlo, pasmado de traerlo abierto sin sentirlo. El hombre de luto fue despertándose de su mal. Miró al obispo, acogióse a sus pies y lloró calladamente. (*NP*, páginas 862-863)

La escena finaliza con un lloriqueo de irónico humor en lugar de la esperada explosión dramática, y el lente novelístico bruscamente pasa a enfocar otra escena.

Volviendo a la figura del Obispo, considera el Profesor Gullón que existe conexión entre su enfermedad y la de Oleza.[3] Algunos olezanos creen que Oleza está cayendo en una depravación gradual, que está corrompién-

---

[3] Gullón, pp. 119-120.

dose, estableciendo así un paralelismo entre la lepra del Obispo y la decadencia moral de la ciudad. Es una observación discutible, desde luego, pero incluso esta conexión, como señala Elvira, tiene un aspecto irónico: «Porque con un obispo enfermo, y un enfermo como ése, iba pudriéndose la diócesis.» (*OL*, p. 952) Pero en la dividida Oleza hay quienes perciben la conexión; y sin embargo consideran al Obispo como símbolo del Salvador. La Madre Superiora del Convento de La Visitación exclama: «¿Y es lepra, lepra de verdad, la que aflige a su ilustrísima? ¡Y dicen que por los pecados de la diócesis!» (*OL*, p. 1018) Y cuando Paulina habla a su hijo del Obispo, le dice: «En todas las iglesias de la diócesis se rezaba por el llagado. El Señor le había elegido para salvar a Oleza.» (*OL*, p. 1043) Más tarde cuando busca ayuda del Obispo para salvar a su hijo, reflexiona: «Estaba delante de la casa del justo, que padecía también por el daño que Pablo cometió.» (*OL*, p. 1049) Irónicamente es demasiado tarde para la salvación: «Tuvo que esperarse, porque el llagado hablaba saliéndole un soplo de su laringe podrida….. Nadie le entendió. Cuando Paulina traspuso los umbrales de Palacio, tampoco llevaba la salvación del hijo.» (*OL*, p. 1050)

Lo que algunos olezanos consideran como depravación moral de la ciudad no es, irónicamente, ni más ni menos que el progreso gradual e inevitable que deteriora una forma de vida, proceso lento en España y más lento aún en Oleza, como lo ejemplifican las reflexiones de Don Amancio y Purita. Don Amancio piensa: «Siempre lo mismo; pero quizá los tiempos fermentasen de peligros de modernidad. Palacio mostraba una indiferencia moderna.» (*OL*, p. 916) Para Purita el cambio es demasiado imperceptible para ser detectado, y se queja: «Y lo más horrible es que nunca pasa nada.» (*OL*, p. 960) De ahí se infiere que la necesidad de los dos volúmenes de la novela viene de la necesidad funcional del tema; su expresión lenta y gradual. La lentitud que Ortega y Gasset critica en la novela de Miró no es más que una técnica funcional, ya que enfatiza el lento movimiento del proceso y, al mismo tiempo, sincroniza tema y estructura.[4]

---

[4] Para comprobar la aparente contradicción de las ideas de Ortega, véase la página 15 de la Introducción.

Miró trata a sus personajes con despegada ironía: Doña Corazón es señalada como «la resignada virgen.» (*NP*, p. 794) Su futuro marido, el capitán de Manila, es descrito con un merecido cinismo: «Reparó en las tranquilas gracias de la doncella, en la mansedumbre, en los dineros y en la cerería de los padres de Corazón, y la quiso.» (*NP*, p. 794) Más tarde, en *El obispo leproso*, cuando el deán sabe de las intenciones matrimoniales de su sobrino, Doña Corazón es considerada con el mismo tono condescendiente e irónico: «Entre las mujeres de dulces prendas, con casa de crédito y bienestar, ninguna en el pueblo como Corazón Motos, que heredaría un obrador de chocolates de seis muelles. Y el bigardo del sobrino dejó al canónigo por seguir a Doña Corazón.» (*OL*, p. 928)

Los jesuítas del colegio de *Jesús* se nos presentan como simplones y son tratados con ironía burlona: «Todos los padres y todos los hermanos semejaban mellizos; todos saludaban con la misma mesura y sonrisa; todos hacían la misma exclamación: "Ah! ¡Quizá sí, quizá no!"» (*OL*, p. 920) Cuando del lejano Oriente llegan dos nuevos sacerdotes, la *Comunidad* les informa brevemente sobre la procedencia del contingente académico: «.... provincias de Alicante, Murcia, Albacete, Ciudad Real, Almería, Cáceres, Badajoz, Cuenca, Madrid... Los dos forasteros, que ya lo sabían, principiaron a pasmarse desde Ciudad Real hasta Madrid, exhalando un "¡Aaah!" que remataba menudito y fino.» (*OL*, p. 921)

Los personajes secundarios no escapan del prisma malicioso e irónico del autor, como hemos señalado en su presentación caricaturesca. El señor Hugo y Don Roger parecen creados para diversión del autor. El gimnasta sueco, caricaturizado como un gallo (*OL*, p. 922) realiza sus ejercicios al estilo de un actor vaudevilesco. La vanidad del seudo-acróbata queda malherida cierto día que Pablo trepa a la cuerda en una travesura alegre e infantil. La vena humorística se utiliza entonces en forma colectiva, contra la disciplina jesuítica, y en forma individual, contra el gimnasta:

—¡Señor Galindo —gritó el hermano inspector—, señor Galindo y Egea, baje usted en seguida!
Las piernas de pantalón corto del señor Galindo y Egea

campaneaban gozosament,e y fue su vocecita la que bajó, hincándose como un dardo en el maestro:

—¡Hermano, que suba por mí el señor Hugo!

—¡Señor Galindo, póngase de rodillas!

—¡No puedo! ¡Es que no puedo soltarme! —y comenzó a plañir.

Todos se volvieron al señor Hugo, mirándole y esperándole. Y hasta el mismo señor Hugo sorprendióse de su cabriola de bolero y de Mercurio de pies alados. Dejó en el aire una linda guirnalda de besos y se precipitó a las vigas, hacia las vigas; pero se derrumbó desde la quinta brazada, una más que siempre, reventándole la camisa, temblándole los hinojos, cayéndole la garzota de su greña rubia, su ápice de gloria, como un vellón aceitado por sudores de agonía.

Detrás, el señor Galindo y Egea, el hijo de don Alvaro, descendió dulce y lento como una lámpara de júbilo. (*OL*, p. 924)

De vez en cuando el autor contempla burlonamente, aunque con bondad, la debilidad de la naturaleza humana. Cuando los trabajadores murcianos hacen vigilia ante el «cuerpo» de su amo, Don Trinitario Valcárcel, sienten hambre y cansancio; dos de ellos van por provisiones, y tras el festín se quedan dormidos entre los restos de lo que fue una auténtica orgía romana. Irónicamente, la alerta de que Don Trinitario todavía está vivo, nos la dan las moscas, que tras pasearse pacíficamente por sus ojos, nariz, oídos y uñas, vuelan repentinamente en éxodo masivo. (*OL*, p. 929) La ironía continúa cuando el «Resucitado» vuelve a su interrumpida vida; su mujer se considera una ex viuda, y sus deseos ocultos se nos revelan en el siguiente párrafo: «Para todos, y aun para sí misma, fue ya la mujer ex viuda. De noche se creía acostada con el cadáver de su marido. Daba gracias a Dios por el milagro de la resurrección, uno de los pocos milagros que nunca se nos ocurre pedir. Se despertaba mirándole. Sin darse cuenta, le cruzaba las manos y, suavemente, le cerraba más los ojos...» (*OL*, página 930)

La ironía se convierte en amable burla cuando se trata de la ingenua fe que las monjas tienen en los milagrosos poderes medicinales de varios ungüentos y líquidos sagrados. Un típico diálogo entre los enviados de varias órdenes religiosas y el fámulo del Obispo, transcurre de la siguiente forma:

135

—Es que la priora quisiera saber si el agua santa del Jordán le probó a su ilustrísima.

—¿Agua del Jordán?... ¿Agua del Jordán? ¿Era un frasquito verde con una cruz en el lacre?

—¡Ay, no, señor, que no era! El mío tiene un San Juan Bautista en medio.

—El verde —mediaba el de las salesas—, el verde lo traje yo. Era de aceite de los olivos de Gethsemaní. Lo tenía sor María Fulgencia o la señorita Valcárcel, porque se lo regaló un señor beneficiado de Murcia que estuvo en Jerusalén, y dicen...

El de las dominicas se expansionaba:

—Mire: el agua santa no venía en ningún frasquito, sino en un tarro de color de pan moreno, un pote de la misma tierra del pozo de Santo Domingo de Guzmán, de la tierra que hacen rosarios, que es tan milagrosa.

Y añadía el de la Visitación:

—Si se lo preguntásemos al enfermero.... (*OL*, p. 962)

La preocupación de las monjas por la posible contaminación de sus sacrosantas reliquias, llegado el caso en que hubieran de ser enviadas por correo, en contacto con los gérmenes producidos por el mundo laico y los pliegos de valores declarados de los heréticos judíos, se muestran en la cita dada en el capítulo IV, página 94.

Mauricio, representante de la diplomacia militar, y el *deán*, representante del arte caligráfico, reciben un tratamiento irónico de doble efecto: «Dobló el húsar su codo izquierdo; adelantó la diestra, como si prorrumpiese del manto de la diplomacia, y fue refiriendo su misión con tan bellas palabras que el señor deán las veía pronunciadas con letra redondilla.» (*OL*, p. 987)

La vena irónica y humorística de Miró recorre el estrato social en forma ascendente: desde la reacción individual, a la postura del grupúsculo, al campo más amplio del nivel profesional, y finalmente a la actitud de la masa. Desde luego, ya que su obra es una novela y no un tratado, esto no se presenta con continuidad ordenada. Pero la evidencia queda demostrada a través de los ejemplos citados. Ejemplos específicos de la forma en que Miró ironiza las clases sociales y diferentes profesiones se analizan en el Apéndice F.

B. Humor

Como hemos visto, el humor transita libremente por *Nuestro Padre San Daniel* y *El obispo leproso*, y al igual que en la situación irónica, juega un importante papel funcional en la estructura de la novela. El humor es diestramente utilizado para retratar las divisiones y contrastes del microcosmos olezano, procedimiento bien ejemplificado en las devociones a los santos patrones de Oleza.

Los distintos conceptos que sobre la religión mantienen diferentes personajes, también son expresados humorísticamente. La evidencia contrastada, bien en su contenido, bien en su forma o en ambos, es la base de la técnica humorística mironiana, detectable en muchos párrafos citados ya en este capítulo, y en otros que siguen a continuación. Por ejemplo, cuando el austero Padre Bellod y Don Amancio regresan de la audiencia del Obispo, pasan por delante de la tienda de Doña Corazón. La dulce viuda cose, vigilando a la vez algunos pollos, consciente de los tres huevos que incuba al cálido amparo de su pecho. Cuando el Padre Bellod y Don Amancio están a punto de pisar los alborotados polluelos, un grito de Doña Corazón los detiene. Lo que sigue es un absoluto deleite mironiano en lo absurdo de la situación:

> Les contuvo un grito de mujer.
> —¡Ay madre mía! —y las manos de doña Corazón recogieron dos avecitas, quitándolas del peligro de los zapatones eclesiásticos.
> Cosía la señora en su obrador, y a su lado puso un tabaque de polluelos, que algunas veces se le alborotaban, saliéndose al peldaño, subiéndosele y picándole la finísima media de color de caoba. Creíase entonces doña Corazón la más desgraciada criatura de este mundo, porque era menester reducirlos y no podía, para no malograr tres huevos que empollaba en el caliente amparo de su corpiño. La viudez le avivaba, de cuando en cuando, ansias generosas de maternidad, que ella derivaba, trocándolas en ternuras de clueca. Lo sorprendió ese día el párroco de San Daniel.

Quiso la señora besarle la mano, y necesitó llevar las suyas al socorro de sus pechos. El padre Bellod la miraba con iras terribles de justo.

—¡Es que llevo aquí dentro tres huevos!

—¿Ahí dentro? — y el índice sacerdotal le apuntaba vibrantemente.

Ella volvió sus ojos a don Amancio; pero don Amancio no quiso valerla.

Se desbordaron del cestillo todas las crías, y piaban descuidadas y felices, esparciéndose, ladeándose para ver al padre Bellod, haciendo un visaje de hombre con las boqueras y la nariz de su pico, y de repente huyeron porque el enemigo venía.

—¡Ahí donde usted trae esos huevos tiene su morada predilecta el Espíritu Santo, la paloma mística de la Trinidad divina! (*NP*, pp. 863-864)

A continuación sigue un diálogo sobre los huevos y el habitat del Espíritu Santo entre la viuda y Don Magín, quien dispersa los escrúpulos de Doña Corazón a través de digresiones teológicas. (*NP*, p. 864) Estas digresiones tienen una doble función: burlarse de las disertaciones eruditas de Don Magín, habituales a la menor provocación, y ridiculizar las opiniones del austero Padre Bellod, a expensas de la sencilla viuda. Técnicamente, el contraste de términos y conceptos es soberbio: «*zapatones eclesiásticos, ternuras de clueca, los huevos, versus,* el *índice sacerdotal*» y otra vez «*los huevos*» aposentados en la morada de «*la paloma mística de la Trinidad divina*».

Anteriormente hemos examinado la fisura existente en Oleza entre *Clausura y Siglo*. El ejemplo que sigue lo ilustra humorísticamente, yuxtaponiendo el lenguaje atrevido y sin miramientos de María Fulgencia a la actitud de las inhibidas monjas. Irónicamente María Fulgencia es llamada «la monja», ya que claramente pertenece al *Siglo*. La ocasión se presenta en la entrevista entre María Fulgencia y Mauricio en el convento. Esta pregunta a su antiguo pretendiente: «¿Te llevaste la estampita calada que yo te regalé?... Una del Arcángel San Miguel que hunde su espada en un dragón peludo. El animalito me miraba todas las noches cuando yo me desnudaba...» Una de las monjas exclama: «¡Su caridad! ¡Su caridad! Piense que ese animalito es Lucife r.» (*OL*, p. 958)

La división de clases que existe dentro del clero y,

particularmente, dentro del olezano, se presenta humorísticamente en la novela contrastando la conducta de prelados pomposos a la de miembros de órdenes menores, o de quienes están en lo más bajo del escalafón jerárquico. La fiesta de fin de curso en el colegio de Jesús proporciona esta oportunidad, añadiendo al mismo tiempo un contraste entre lo sublime y lo ridículo, como elementos esenciales en la mayoría de las ceremonias. Mientras el secretario de la escuela pronuncia solemnemente unas palabras en latín, desviaciones inesperadas ocurren en el ritual. Un estudiante sordo, cuyo nombre es pronunciado en latín, tiene que ser avisado a codazos. El criado de Monseñor interrumpe la ceremonia para hablar a su señor —que está oficiando— sobre el transporte de regreso a Murcia. Cuando parece que el orden ha sido restaurado, la consternada comunidad es testigo de la vuelta del criado para una segunda interrupción:

> —Reverendísimo prelado y misionero insigne...
> —¡*Victorinus*, *Victorinus* vuelve!
> Y saltó la zumba de banco en banco. Los inspectores se atirantaban mirando a los que ya no podían contener en esas últimas horas escolares, y sus ojos de ascuas santísimas retaban al público, como si quisieran ponerlo de rodillas, con los brazos en cruz.
> El doméstico escaló la tribuna estrujando el tapiz, dejándole las huellas de los establos y se hincó de codos en los tisús de la mesa.
> El padre rector subía la frente, y su boca se plegaba con resignación. La comunidad esperaba compungida. Algunos profesores se volvieron hacia ese diálogo, tan poco afortunado, del que caían nombres de hostales, precios de alquiler, tres duros y medio, siete duros, mayoral tuerto...
> Con la dulzura de las apariciones, presentóse un hermano descolorido junto al trono de monseñor; hizo una mesura de rúbrica litúrgica, y se llevó al doméstico hasta la fila del señor Hugo, y allí, sonriéndole, lo empujó con buen puño por los hombros, sentándole a su lado. Entonces derramóse otra vez, clara y pulida, la palabra del padre rector:
> —Reverendísimo prelado y misionero insigne.... (*OL*, pp. 1001-1002)

Otros episodios humorísticos siguen un esquema circular, mostrando la misma estructura que sostiene a la narrativa de la novela. El humor aparece primero como inferencia aparentemente insignificante que reaparece después en la narración de manera saltante. Esta inferencia se hace más relevante humorísticamente cuando los datos se acumulan, y finalmente completa su círculo narrativo mostrando un humor amplio y abierto. Un ejemplo de esta técnica lo proporciona la humorística anécdota de la rotura de la pecera en el palacio Lóriz, que contiene peces del Jordán y del Nilo, y de fuentes vaticanas. La trayectoria de los peces comienza al ser mencionados por Don Magín cuando éste visita a los Lóriz después de su llegada; la Condesa dice: «"Aquí tengo peces del Jordán, del Nilo y de las fuentes del Vaticano." Y el Conde añadía: "Una maravilla sagrada que hemos traído a cuestas desde Madrid, por orden de mi mujer".» (OL, p. 941) Reaparecen en Viernes Santo cuando Máximo Lóriz y sus amigos: «bajaron a las salas principales, se tendieron junto a la urna de los peces sagrados para verlos nadar.» (OL, p. 975) Más tarde estos peces se ofrecen a Jesús como regalo especial, en una ocasión en la que Doña Purita, los Lóriz, los peces, Don Roger y el señor Hugo están reunidos:

> Lóriz hizo una grave mesura que afirmaba la solidaria herida en nombre de toda su raza; pero no le inquietaban las palabras del padre rector, y casi no las entendía ni las atendía. Ligero y adobado, se complacía en el contorno de doña Purita. Esta bella doncellona de pueblo le inquietaba ya como una endiablada mujer del gran mundo.
>
> Infantil y graciosa, prometió la condesa, en nombre del bachiller su hijo, regalar al colegio el magnífico acuarium de peces del Vaticano, del Nilo y del Jordán. Lo aceptó el rector para el gabinete de Historia Natural. Pero la condenación que disparaban los arcos de sus gafas deshizo la gratitud. Purita se reía deliciosamente con don Roger y el señor Hugo. Don Roger la miraba embelesado. El señor Hugo caracoleaba con todas sus viejas bizarrías de circo.
>
> El padre prefecto los veía desde la sombra del séptimo pilar del claustro. Y ya no fue menester que el padre rector les viese.
>
> También lo vió todo la señorita Elvira Galindo que pasaba, y tuvo bascas de pureza. (OL, pp. 1006-1007)

Sabemos después que Don Roger y el señor Hugo han sido despedidos del colegio de Jesús a causa de Doña Purita. Como consecuencia de ello, Don Roger va al pa-

140

lacio Lóriz para rogar a los Condes que intercedan por él y su colega a fin de que vuelvan a admitirlos. En el palacio, Don Roger rompe accidentalmente la pecera y mata los peces en un episodio muy humorístico; episodio que no es coincidencia, sino un caso de justicia poética.

La humorística escena de María Fulgencia con sus tórtolas y la clavaria es similar en su diseño al episodio de la pecera. Las tórtolas aparecen por primera vez cuando María Fulgencia vuelve al convento de La Visitación: «Domingo por la tarde llegó al portal de las Salesas de Nuestra Señora un faetón estruendoso y polvoriento. Acudió el mandadero, y él y el mayoral descargaron cofres, atadijos, cestos de frutas y pastas, ramos, cajas, sombrillas, chales y una primorosa jaula de tórtolas.» (*OL*, p. 937) Después María Fulgencia: «Abrió los cofres... besaba sus tórtolas, meciéndolas en la cuna de su pecho.... La clavaria, grande, maciza, de ojos abismados por moradas ojeras, que le ponían un antifaz de sombra en sus mejillas granadas de herpes, la miraba con recelos, y hacía un grito áspero de ave en cada retozo de aquel corazón. ¡Cuánto dengue y locura! Se obligó a vigilarla; y se puso a su lado.» (*OL*, p. 938) Avanzando en la historia, la madre Superiora habla de María Fulgencia a Don Magín: «"A veces la he sorprendido compadeciéndose más de sus tórtolas que del prójimo; más que de la clavaria. ¡Oh Jesús, y cómo las ama, y las besa, y las acaricia!...." "¿Tórtolas?" "Dos tórtolas que trajo de su casa de Murcia".» (*OL*, p. 1018) Finalmente cierto día predestinado:

La señorita Valcárcel levantó el grito y la jaula de las tórtolas.

¡Ha sido ella, la clavaria! ¡Lo mató apretándole el corazoncito con las uñas! ¡Me ha matado al macho! ¡Acababa yo de besarlo y lo dejé precioso! ¡Ha sido ella; yo la vi salir!

—¿A mí? ¿El macho, dice? —y la clavaria se quedó mirándola—. ¿El macho? ¿De modo que había un macho?

—¡Sí, señora; como en todas las parejas, hasta en la de Adán y Eva!

—¡Su caridad, su caridad! —le imploró la madre.

—¡Dénmela, que quiero que me diga su caridad cómo supo lo de macho y hembra! ¡Para mí nada más eran dos tórtolas!

—¡Señora, usted es tonta y mala!
Arreció el alboroto. (*OL*, p. 1019)

La justicia poética se lleva aquí a cabo con doble función: la venganza personal de la clavaria y el mantenimiento de la castidad en el convento. La clavaria ha matado justamente al macho, difícilmente por casualidad.

Detectamos la misma estructura circular en el episodio de la histérica atracción de María Fulgencia por la estatua del Angel de Salzillo, que no puede adquirir. Más tarde se le aparece el «Angel» humorísticamente encarnado en la persona de Pablo Galindo, al descender del coche enfrente del convento. (*OL*, p. 938) Tan pronto como María Fulgencia entra «pidió vestirse de novicia y profesar cuanto antes. Se llamaría Sor María Fulgencia del Angel de Gethsemaní. (*OL*, p. 938) El «Angel» es mencionado de nuevo cuando la Madre Superiora informa a Don Magín: «Sor habla con mucha pasión del ángel de Murcia. Dice que lo ha visto en Oleza y que trae uniforme de interno de *Jesús*.» (*OL*, p. 1017) Posteriormente, María Fulgencia se encuentra con Pablo cuando ya está casada con Don Amancio, y sus primeras preguntas son: «¿Es usted de Murcia? ¿Ha visto usted el ʺAngelʺ?» La narración continúa: «Ella, por ocultarse a sí misma su confusión, subía sus manos acariciándose los cabellos; y sobresaltóse más porque el Angel la miraba en la boca, en el pecho, en la dulce angustia de su vida. Toda la mirada se le fue quedando encima de sus ojos..... ¡Ahora, Señor, ahora se le aparecía de verdad su ʺAngelʺ!... Pero al final de la novela medita: ʺSe acabó... como suele decir el señor deán..., se acabó el Angel!ʺ» (*OL*, p. 1033) El círculo se ha cerrado: María Fulgencia ha perdido a su «Angel» y el humor se vuelve ironía. La novela está jalonada de episodios humorísticos entremezclados, como los que hemos visto.

Un mayor acercamiento a la técnica, o técnicas, que Miró utiliza para crear el efecto irónico o humorístico, revela cierto número de factores. En primer lugar, notamos que Miró, como observador objetivo, ve a algunos de sus personajes como si fuera espectador de una película muda. Si se observan las acciones desprovistas de su simbología y significado o, en otras palabras, del elemento humano, sobresale el absurdo, apareciendo los personajes como muñecos gesticulantes. La visión de Miró toma forma literaria de diversas maneras; una de ellas es mover a sus personajes con ademanes exagerados produciendo así un efecto cómico. Tal es la técnica utilizada, entre otras, en la escena de los suplicantes durante la festividad de San Daniel (*NP*, p. 785), las proezas atléticas del señor Hugo (*OL*, p. 924) y las acciones del apenado padre Ferrando. (*OL*, p. 1024)

Como observador agudo, Miró pone su sello de humor e ironía sobre las minucias, como ejemplificamos: en el episodio de la tienda de Miseria, un viejo cuenta la historia de cómo mató al *Conde de España*: «él le puso su pie encima del pecho, y recordaba que se le salía el dedo gordo de la alpargata..... Todos le contemplaban el pie, adivinándole el dedo heroico bajo la alpargata lugareña.» (*NP*, p. 795) Don Roger y el señor Hugo se encuentran con el Padre Prefecto en la puerta de la iglesia, y «de sus manos recibieron las cesantías de sus cátedra.» (*OL*, p. 1011) El Obispo hace una pausa en una entrevista para ver «cómo se le caían los párpados al comandante.» (*OL*, p. 988) [5]

Miró consigue principalmente la ironía y el humor contrastando evidencias o yuxtaponiendo asociaciones dispares, como hemos mostrado en este análisis. Ulteriores ejemplos más sucintos de esta técnica pueden ser los siguientes: «boca mineralizada» (*NP*, p. 781), «lacerado pergamino» (*NP*, p. 781), «fundamentos vegetales». (*NP*, p. 783) [6]

El efecto humorístico se logra también nombrando la parte por el todo: «los ojos de Nuestro Padre» (*NP*, página 785), «las piernas de pantalón corto del señor Galindo». (*OL*, p. 924) [7] Cada parte adquiere entonces autonomía y realza la caricatura.

---

5 Más ejemplos de esta técnica: Mosén Orduña, escuchando las aventuras de Cara-rajada, une sus manos: «las juntó y las apartó elevándolas en un *Fiat dilectissimi*...» (*NP*, p. 859) Los dos jesuítas que llegan del lejano oriente «glosaron su travesía.» (*OL*, p. 921) El deáncalígrafo intenta resolver un problema inesperado y razona de la siguiente manera: «Ni siquiera había de meditar un consejo inédito.» (*OL*, p. 935)

6 Otros ejemplos: «las entrañas caminantes del reloj» (*NP*, p. 785); «vellón aceitado» (*OL*, p. 924); «bolsillos de difunto» (*OL*, p. 930); «dedo heroico» (*NP*, p. 796).

7 Ejemplos adicionales: «los zapatones eclesiásticos» (*NP*, p. 863); «el índice sacerdotal» (*NP*, p. 864); «su boca se plegaba con resignación» (*OL*, p. 1001).

Frases hechas y latinismos aplicados a objetos insignificantes, animales o trivialidades, aumentan el efecto de incongruencia al unir lo simple con lo complejo. En las crónicas olezanas, el primer milagro está registrado en latín; el texto de *Nuestro Padre San Daniel* y *El obispo leproso* está entremezclado de latinismos utilizados con el solo propósito de lograr lo incongruente, como por ejemplo: «nardum montanun, nardum sincerum» (*OL*, página 1015), «similia similibus» (*OL*, p. 935), «Fiat dilectissimi.» (*NP*, p. 859)[8]

Las digresiones retóricas son un aspecto importante en las técnicas mironianas humorística e irónica. Unos cuantos ejemplos fundamentarán este aserto. La visión de Don Daniel como personaje bíblico rodeado de leones se convierte en un espectáculo incongruente a través de una retórica digresiva: «viéndose rodeado de feroces leones, enflaquecidos de hambre, que se le postraban y lamían desde las rodilleras hasta sus zapatillas de terciopelo malva, bordadas por Doña Corazón Motos, prima del hidalgo y dueña de un obrador de chocolates y cirios de la calle de la Verónica.» (*NP*, p. 790) La atracción que siente María Fulgencia por el Angel de Salzillo se hace más incongruente a través del excesivo retoricismo de la carta que la relata, y que analiza la concepción artística del escultor: «No quiso un ángel con espada, con laúd, con rosas. No un ángel de ímpetu, ni de suavidad ni de gloria: ángel fácil, de buena vida. Nos dejó el ángel más nuestro....» (*OL*, p. 935)[9]

Pero en la retórica mironiana la ironía y el humor se manifiestan más ampliamente a través de la adjeti-

---

[8] Palabrasc de etimología griega son empleadas con el mismo propósito: «bestia heráldica» (*NP*, p. 807); «estallido hidráulico» (*OL*, página 1013); «título geórgico» (*NP*, p. 782).

[9] Otros ejemplos: la figura de Monseñor Salom, el mártir apócrifo, se vuelve más ridícula al enumerar los posibles elementos de tortura a que ha sido sometido: «Le quedaban dos dedos: el pulgar y el índice; los otros se los cercenaría el hacha, el cepo, el brasero, las púas, los cordeles, el refinado ingenio de los suplicios en que tanto se complacen los pueblos idólatras.» (*OL*, pp. 997-998) Las feligresas de Monseñor aparecen, ridiculizadas por la exageración de sus reacciones expresadas en asíndeton redundante: «Era un estado de inocencia, de ardor, de beatitud, de voluptuosidad.» (*OL*, p. 998) El mismo proceso es seguido en la descripción del ambiente durante las ceremonias en el *Colegio de Jesús*: «Y dentro de esta onomástica de príncipes, de pontífices, de santos, se sentían glorificadas muchas familias....» (*OL*, pp. 999-1000)

vación. El adjetivo tiene a menudo doble función: es caracterización eufemística, y lleva consigo el dato irónico elíptico, como indican los siguientes ejemplos: «el infatigable señor Espuch» (*NP*, p. 781), «el recio paño» (*NP*, p. 785), «la cólera verbal» (*NP*, p. 790), etc. El efecto humorístico es a menudo aumentado por la utilización de adjetivos esdrújulos, como por ejemplo: «título geórgico» (*NP*, p. 782), «magnífica frialdad» (*NP*, página 785), «clarísimos varones» (*OL*, p. 987), etc. [10]

A través del presente análisis se ha establecido que la ironía y el humor no son formas aisladas en el texto mironiano examinado, sino parte integral de la estructura, y que están unidas funcionalmente al esquema argumental.

Además de utilizar una técnica que contrasta evidencias tanto en contenido como en forma, Miró utiliza otros medios para lograr el efecto irónico y humorístico, tales como: 1) ironía y humor aplicado a lo menudo; 2) ademanes exagerados de los personajes; 3) palabras eruditas y latinismos aplicados a objetos insignificantes (una variación de la técnica de contrastes); 4) digresiones retóricas; 5) y, en forma señalada, abjetivación proparoxitona.

Es evidente que Miró se sitúa como observador objetivo del mundo, dándonos así una «construcción desapasionada» en forma literaria, utilizando la explicación de Northrop Frye de lo irónico como ya hemos citado al iniciar el capítulo.

De los ejemplos citados podemos concluir que la ironía penetra tanto *Nuestro Padre San Daniel* como *El obispo leproso*, y que la yuxtaposición de imágenes excluye la predicación, eliminando aserciones sobre su relación. Esta supresión de afirmaciones del modo irónico es lo que hemos designado como aspecto elíptico de lo irónico, que se fusiona en forma perfecta con la ejecución elíptica de los principios retóricos de causalidad y continuidad cronológica llevados a cabo por Miró.

---

[10] Otros ejemplos: «frente ascética» (*NP*, p. 781); «águila evangélica» (*NP*, p. 781); «profecías mesiánicas» (*NP*, p. 782); «pueblos idólatras» (*OL*, p. 998); «evangélica igualdad» (*OL*, p. 987); «la finísima media» (*NP*, p. 863); «la paloma mística» (*NP*, p. 864); «ascuas santísimas» (*OL*, p. 1001); «mesura de rúbrica litúrgica» (*OL*, p. 1002); «reverendísimo prelado» (*OL*, p. 1002)

CONCLUSION

El análisis de *Nuestro Padre San Daniel* y *El obispo leproso* ha demostrado que Miró emplea una técnica elíptica en los diversos aspectos de su arte narrativo. Sin embargo, una técnica sin intencionalidad no tendría sentido, y hemos intentado demostrar que Miró utiliza su técnica para desarrollar su concepción original de la novela, como él mismo lo expresa: «decir las cosas por insinuación». El objetivo principal de una obra de ficción es crear la ilusión de la realidad, y lógicamente la intención de Miró es evocar tal ilusión. Condensando nuestros asertos en cada división del análisis, concluímos que en todos los aspectos estudiados la técnica elíptica ha sido usada con éxito para crear la ilusión de la realidad. Esto se aplica primero al punto de vista elíptico en sus distintas utilizaciones según el autor intenta registrar los acontecimientos a medida que ocurren en la vida, y a la sintaxis elíptica, según se propone comunicar la realidad a través de una forma acumulativa que abarque el todo. El método se repite también con eficacia en la presentación elíptica de la cronología de los sucesos, que muestra que el interés del autor no está en el tiempo cronológico, sino en el tiempo y duración psicológicos, reproduciendo el proceso como ocurre en la realidad. Elpido Laguna Díaz, en su estudio *El tratamiento del tiempo subjetivo en la obra de Gabriel Miró*[1] estudia

---

[1] Madrid, 1969.

con profundidad la proyección subjetiva del concepto del tiempo de Miró. La misma técnica elíptica, cuando se dirige a los lazos causales, pone de relieve las inconexiones de la vida. Sin embargo, las novelas de Miró no son simplemente un intento de registrar o reproducir la realidad; llevan un mensaje transmitido en forma elíptica, principalmente a través de la ironía que las penetra. Más aún, la implícita crítica social a una sociedad retrasada del siglo XIX trasciende el tema y representa una filosofía de valores. Es este mensaje subyacente el que permite a Miró despertar compasión por sus personajes, aunque él vea a muchos de ellos con despego y como objetos de caricatura.

Sólo tenemos un último comentario que añadir a nuestro estudio de estas dos novelas, y es que cuando se logra tal nivel de unidad artística, cuando el tema y el medio se sincronizan, cuando «la palabra» adquiere posibilidades sin límite de connotación más que de denotación, estamos ante el producto de una rara combinación: la de un novelista y un artista completos.

APENDICES

APENDICE A

Ejemplos adicionales de sintaxis elíptica:

Calle de la Aparecida, de tapiales blancos con desolladuras de pedernal.... Plazuela de Gozálvez, de casas tostadas, rudas como labradoras. Una piedra de molino rota; un álamo blanco viejo; cargas de leña fresca, gallinas y palomos escarbándolas. En medio, un farol de aceite que le llamaban el *Crisuelo*.... (*NP*, p. 800)

La ciudad se volcaba rota, parda, blanca. Porches morenos, azoteas de sol, las enormes tortugas de los tejados, paredones rojizos, rasgaduras de atrios, y plazuelas, jardines señoriales y monásticos. Un ciprés, una magnolia, una palmera, dos araucarias mellizas. Muros de hiedras, de mirtos; huertos anchos, calientes; frescor jugoso de limoneros, de parras, de higueras. Eucaliptos estilizados sobre piedras doradas y de apariciones de cielo de un azul inmediato. Un volar delirante de golondrinas y palomos. La torre descabezada de la Catedral, la flecha de Palacio entre coronas de vencejos, la cúpula de aristas cerámicas del Seminario, el piñón nítido de las tres espadañas de Santa Lucía. Más lejos, la torrecilla remendada de las Clarisas. (*NP*, p. 825.)

Más costras y quillas de techumbres, más tapiales de adobes y de yeso con encarnaduras de ladrillos, terrados blancos de Oriente, cauces foscos de calles. Llamas de vidrieras. Sombras acostadas. Follajes dormidos. Vuelos de una nube gloriosa en el encanto de las albercas frías que dan sed. Júbilo de palomares. Un humo recto. Cupulillas, agujas, contrafuertes, gárgolas y buhardas de más monasterios, colegios, residencias y parroquias. (*NP*, p. 826)

Arboles grandes trenzados de yedras; almenas y bolas de romeros; glorietas de rosales, de glycinas y jazmines con bancos y estatuas; hornacinas con lotos y lámparas de cuencos de cactos; medallones de bojes, y en medio, un albercón de agua inmóvil y celeste.... (*OL*, p. 940)

Mediaba marzo. Olor de naranjos de todos los hortales. Aire tibio, y dentro de su miel, una punzada de humedad, un aletazo del invierno escondido en la revuelta de una calle. Nubes gruesas, rotas, blancas, veloces. Azul caliente entre las rasgadoras. Sol grande, sol de verano. Más nubes de espumas. Otra vez sol; el sol, cegándose; y la tarde se abría y se entornaba, ancha, apagada, encendida, fría.... (*OL*, pp. 955-956.)

El Monumento esplendía sereno y profundo, como una constelación en la noche litúrgica. Terciopelos rojos y marchitos, oro viejo de los querubines del sagrario, oro de miel de las luces paradas, un crepitar de cera roída, un balbuceo de oraciones, un suspiro de congregantes, macizos de palmas blancas del domingo, floreros de rosas y espigas y los *mayos*, de trigos pálidos con sus cintas de cabelleras de niña alborozando de simplicidad aldeana el túmulo augusto y triste; olor ahogado, y la sensación del día azul rodeando los muros, la sensación de Jerusalén, blanca y tibia en el aire glorioso de Oriente. (*OL*, pp. 968-969)

Se acabó la disciplina. Sala de visitas y canceles abiertos y joviales. Patio de la lección silencioso, aulas desamparadas. (*OL*, p. 1002)

Tierra, calles, sol de Oleza. Oleza ya suya del todo, sin que la viese ni la sintiese desde Jesús ni en los paseos en ternas. Oleza, olorosa de ramajes para la procesión; vaho de pastelerías y de frutas de Corpus; aleteo de cobertores, aire de verano; goce de lo suyo, de lo suyo verdaderamente poseído, con perfume de los primeros jazmines, de canela y de ponciles. (*OL*, p. 1008)

Fervorines. *Tantum Ergo*. Bendición y reserva. Solos del nuevo himno eucarístico del padre Folguerol... Jornada gloriosa para don Roger... Campaneo de las parroquias, de los monasterios, de la catedral; música de la procesión; estampidos ardientes del «Sacre», el dragoncillo de San Ginés atorado de pólvora gorda; aliento de los jardines y de la vega de junio... (*OL*, p. 1011)

Verano ruin... Fanales de velas amarillas alumbrando el viejo tisú de la manga parroquial; hileras de hombres y mujeres colgándoles los rosarios de sus dedos de difunto; capellanes y celadores guiando la plegaria; un remanso en la contemplación de cada misterio, y otra vez se desanillaban las cofradías y las luces por los ambages de las plazas, por los cantones, por las callejas, por las cuestas. (*OL*, p. 1020)

Sala de paredes de yeso azul con friso de manises; mesas negras, mapas y quinqués; un vasar de rollos de causas y carpetones de documentos; el bufete de don Amancio, y detrás un retrato suyo, de toga, con fondo de cortinón de grana. Dos balcones con reparos de maderas contra las lluvias. Luz amarilla reflejada por los sillares de la catedral. Siete alumnos que hacían de amanuenses; y del folgo de piel de borrega que desbordaba por el escañuelo del maestro, salió cojeando un gato cebrado. (*OL*, pp. 1033-1034)

Mañana del último Viernes Santo. Palacio de Lóriz. Huerto florecido en la madrugada de la Pasión del Señor. Rosales, azucenas, cipreses, naranjos, el árbol del Paraíso goteando la miel del relente. Hilos de agua entre carne de lirios. Y, dentro, salones antiguos que parecían guardados bajo un fanal de silencio; la estatua de doña Purita en un amanecer de tisús de retablos; mujeres que sólo al respirar besaban. Y por la noche, la procesión del Entierro; temblor de oro de luces; rosas deshojadas; la urna del Sepulcro como una escarcha de riquezas abriendo el aire primaveral, y él reclinado en suavidades: damascos, sedas, terciopelos; ambiente de magnificencias, aromas de mujer y de jardines; tristeza selecta de su felicidad; la luna mirándole, luna redonda, blanca, como un pecho que le mantenía sus contenidos deseos con delicia de acacias. (*OL*, p. 1041)

La ventana abierta del todo. Sol de las huertas silenciosas; sol de domingo de noviembre que pasaba desde la concavidad perfecta y azul. Daba el río un frescor de claridades. (*OL*, p. 1042)

Los jazmines, las rosas, los naranjos, los campos, el aire, la atmósfera de los tiempos de las viejas promesas, olor de felicidad no realizada, felicidad que Paulina sintió tan suya y que permanecía intacta en los jazmines, en el rosal, en los cipreses, en los frutales; la misma fragancia, la misma promesa que ahora recogía el hijo. (*OL*, p. 1054)

Estruendo y polvo de un coche amarillo, con muestra verde de la «Fonda de Europa», antiguo parador de Nuestro Padre.
Mandaderos, mozas, anacalos y aprendices con bandejas, cuévanos y tablas de hornos y pastelerías.
Trallazos, colleras, herrajes y tumbos del coche del «Mesón de San Daniel».
Familias de Oleza, menestrales de las sederías, arrabaleros de San Ginés, viajeros rurales, frailes, socios del Casino...
Mujeres con ramos de flores, de cidras y naranjos. (*OL*, p. 1061)

APENDICE B

Ejemplos adicionales de sustantivos y verbos que conllevan una imagen total o una metáfora: «Y don Cruz *hincó* sus ojos en los viejos ojos de lágrimas» (*NP*, p. 821); «una *ferocidad* de buenos criados» (*NP*, p. 824); «las erizadas rejas del comulgatorio» (*NP*, p. 856); «las *uñas diablescas* de las gallinas» (*NP*, p. 861); «respiraba como si *mascase* su aliento» (*NP*, p. 884); «don Magín doblóse todo y se *estampó* en un aguazal» (*NP*, p. 897); «*adelgazando* su sonrisa», «y Grifol se *descabalgó* los quevedos» (*OL*, p. 927); «y en el silencio se *desgarraba* una risa de mujer»; «doña Corazón... *cuajándose* en su sillón de anea» (*OL*, p. 955); «por el corpiño de doña Corazón subió un *oleaje* de pena y de ira» (*OL*, p. 957); «la mampara de felpa amaranto... iba *nublándose* de huellas de manos sudadas» (*OL*, p. 962); «don Alvaro se mordía el silencio que se le *enredaba* en su boca» (*OL*, p. 967); «y la Monera se precipitó *erizada* de terciopelo« (*OL*, p. 971); «Su ilustrísima estaba comiendo. Lo dijo un familiar *buscándose* con su lengua los sabores interrumpidos», «una gran lámpara de bronce, *espejándose* en una mesa» (*OL*, p. 987); «¡Tan hermosa! Se paró delante de ella, mirándola. La claridad de la tarde la *esculpía* en las sedas negras y ligeras que le *palpitaban* por la brisa del río» (*OL*, pp. 995-996); «la pocilga *estalló* de guañidos candentes (*OL*, p. 1001); «los tres jesuítas se *grifaron* ante esa condescendencia de santo» (*OL*, p. 1004); «tronó una puerta al cerrarse por

154

el *vendaval* de un codazo de la señorita de Gandía» (*OL*, p. 1010); «se le *cuajó* la conciencia y la sangre» (*OL*, p. 1013); «se *apuñazó* don Jeromillo su frente pecosa» (*OL*, p. 1014); «tardes de nubes incendiadas, de nubes barrocas, *desgajándose* del horizonte» (*OL*, p. 1019); «*aleteó* el címbalo anunciando que alzaban a Dios» (*OL*, p. 1032); «al chico... en su boca le *asomaba* la bulla» (*OL*, p. 1034); «el giboso no le dejaba; ... y el espolón de su espalda se *triangulizaba* en el azul» (OL, p. 1037); «el arco del pasadizo episcopal le *apagó* el día» (*OL*, p. 1043); «y el capellán *entró* todo su rostro en las carnales blancuras, suspirando» (*OL*, p. 1061).

APENDICE C

Ejemplos adicionales de la función sincrética de la metáfora: «ráfagas de miedo» (*NP*, p. 788); «los dardos de los vencejos» (*NP*, p. 816); «sintió Don Daniel que le rodaba la vida por un abismo de ternuras» (*NP*, p. 820); «el órgano esforzó todas sus viejas gargantas» (*NP*, p. 821); «la plebe aborrachada por el sol de su sangre y de las peñas» (*NP*, p. 829); «todo el monte resonaba de grillos» (*NP*, p. 831); «en las acequias se rompían los coros de cristal de los sapos» (*NP*, p. 844); «veía las cosas a sorbos de asmático» (*NP*, p. 858); «y la luz del quinqué se quedó en la hoja de su cuchillo» (*NP*, p. 877); «encima del ciprés de la catedral facetaba un astro frío y azul» (*NP*, p. 878); «el vaho de claridad..., el bramido de su voluntad» (*NP*, p. 880); «con la frente arada por la voluntad de recoger y entender los preceptos de Grifol» (*NP*, p. 900); «y la voz implacable iba envolviéndole como una placenta monstruosa» (*OL*, p. 923); «las piernas de pantalón corto del señor Galindo y Egea campaneaban gozosamente» (*OL*, p. 924); «yo le vi torciéndose encima de la cuajada de su sangre» (*OL*, p. 925); «se produjo una brisa de tocas, un oleaje de hábitos (*OL*, p. 963); «las blancas paredes y cortinas se encendieron de día grande» (*OL*, p. 1008); «la Visitación se regocijó de sol poniente» (*OL*, p. 1014); «óleos de señoras austeras... cejas altas, que les ponen una tilde de pasmo y frialdad» (*OL*, p. 1029); «por la reja del vestíbulo aparecía una corona de cielo en las sienes viejecitas de la

156

catedral» (*OL*, p. 1032); «Pablo sentíase dichoso y bueno, y el sol entraba a dormirse dócilmente en sus brazos» (*OL*, p. 1042); «tía Elvira se le agarró a la cintura, torciéndose a sus brazos y a sus muslos, crepitando como el sarmiento en la lumbre» (*OL*, p. 1046); «cabeceaban las campanas» (*OL*, p. 1052).

APENDICE D

A continuación exponemos una secuencia cronológica de *Nuestro Padre San Daniel:*

PARTE I: «Santas Imágenes»
Marco espacial: trasfondo histórico de:
1. «Nuestro Padre San Daniel».
2. «La Visitación»
Trasfondo milagroso de Nuestro Padre San Daniel y Nuestra Señora.
Los habitantes solicitan un santo titular.
3. «El Patrono de Oleza»
Cronología: Desde 1565 Oleza aparece en el «episcopologio» (lista cronológica de obispos).
A. Entre 1580 y 1600 un escultor talla la imagen de San Daniel.
B. No hay fecha para la aparición de la imagen de Nuestra Señora, pero se entiende que es a continuación de la de San Daniel.
C. San Daniel es elegido como el Santo patrono de Oleza después de 1630 (fecha del decreto de Urbano VII que permite estas prerrogativas).

PARTE II: «Seglares, Capellanes y Prelados»
Presentación de los personajes principales:

1. «Casa de Don Daniel Egea»: «El olivar de Nuestro Padre»; la casa de Don Daniel Egea; Don Daniel, Paulina, Don Cruz (material informativo sin cronología).

2. «El Padre Bellod y Don Amancio» (material informativo sin cronología.

3. »El casamiento de Doña Corazón y una conocida anécdota del marido»: Doña Corazón—la historia de su vida. (Se presentan nuevos personajes: el marido de Doña Corazón, Miseria y Don Vicente Grifol.)

4. «Don Jeromillo y Don Magín»: Se presenta a estos dos personajes. Se menciona por vez primera una fecha significativa: 28 de junio, víspera de San Pedro.

5. «El clamor de los clamores»: Este capítulo nos acerca al «presente» de la narración; todo lo que ha precedido es únicamente material de fondo, aunque tiene importancia en el desarrollo ulterior de la narración. La acción tiene lugar inmediatamente antes del nombramiento del Obispo.

6. «Su Ilustrísima»: llegada del Obispo «una mañana de verano».

PARTE III: «Oleza y el Enviado»

1. «El enviado»: Se presenta al último personaje de importancia: Don Alvaro, que llega el lunes. En el capítulo se nos informa que es el 13 de junio, seis días después de la llegada del Obispo (Parte Segunda, capítulo sexto).

2. *Te Deum laudamus*»: Aquí se establece la cronología de los hechos, que comienza con la llegada del Obispo. El capítulo transcurre durante la visita anual de Don Daniel a Oleza el 28 de junio, en la víspera de San Pedro y San Pablo.

En una especie de monólogo interior, aunque no presentado como tal, Don Daniel pasa revista a sus actividades durante el mes de junio, que le ha brindado tantos acontecimientos felices. Miró emplea el presente histórico, aunque lo que se menciona ya ha tenido lugar, y Don Daniel pasa revista a los hechos desde *su* presente, mientras está con Monera en el claustro de la catedral el 28 de junio (este dato cronológico se reestablece varias veces durante el capítulo): la llegada del Obispo el día 7; la llegada de Don Alvaro el 13; dos días después, el chocolate en honor del «enviado» en el «Círculo»; el 17, la visita de Don Alvaro al *Olivar*, y el 18, la cena en el *Olivar*. Por fin, para completar su felicidad, Don Daniel se entera el 28 de junio —siempre un día especial para él— de las intenciones de Don Alvaro de pedir en matrimonio a Paulina.

3. «El aparecido»: Incidente que involucra a Cara-rajada.

4 y 5. «Arrabal de San Ginés» y «Cara-rajada»: Continúa el relato de la vida de Cara-rajada, pasada y presente.

6. «Prometidos»: El compromiso de Don Alvaro y Paulina.

7. «La casa de los hijos»: Visita a la casa que Don Alvaro y Paulina ocuparán después de la boda.

PARTE IV: «Oleza y San Daniel».

1. «Epitalámica»: boda de Don Alvaro y Paulina el 24 de noviembre, día de San Juan de la Cruz.

2. «En Palacio»: Audiencia del Obispo. (Queda implícito en la conversación con el Padre Bellod que el Triduo de Nuestro Padre San Daniel se acerca: 19, 20 y 21 de julio.)

3. «Don Magín, Doña Corazón y Elvira»: Visita de Doña Corazón a Paulina, que está encinta.

4 y 5. «Don Alvaro»: Se acentúa la historia de Don Alvaro y Cara-rajada.

6. «Don Daniel y Don Vicente», y 7: «Don Alvaro, Paulina y el padre»: Enfermedad y muerte de don Daniel.

8. «La riada»: Ocurre durante el Triduo —19, 20 y 21 de julio—. Don Magín es herido y Cara-rajada se ahoga.

9. «Hasta los males pasan»: Convalecencia de Don Magín y visitantes junto a su cebecera.

10. «Nuestro Padre San Daniel»: Inmediatamente después del nacimiento de Pablo, hijo de Paulina y Don Alvaro.

APENDICE E

Cronología de hechos en *El obispo leproso:*

PARTE I: «Palacio y Colegio»
1. «Pablo»: cronología indeterminada de su niñez.
2. «Consejo de familia»: se decide que Pablo debe ser internado en el colegio de los Jesuítas. Tiene casi ocho años.
3. «*Jesús*»: la orden Jesuíta; travesuras de Pablo a costa del señor Hugo, pero sin mencionar cuánto tiempo lleva en el colegio.
4. «Grifol y Su Ilustrísima»: Don Magín lleva al anciano doctor a ver al Obispo.

PARTE II: «María Fulgencia»
1. «El señor deán y María Fulgencia».
2. «María Fulgencia y los suyos».
3. «El ángel»: historia de la vida de María Fulgencia desde su niñez hasta que tiene diecisiete años, cuando ve a Pablo por vez primera y lo encuentra parecido a su ángel. La secuencia cronológica avanza varios años.

PARTE III: «Salas de Oleza»
Marco ambiental de la vida social de Oleza.

1. «Vuelven los Lóriz»: la cronología vuelve a la Parte I.
El hijo de Lóriz, Máximo, tiene alrededor de ocho años y comienza el colegio. Tiene la misma edad de Pablo.
2. «Antorchas de pecado»: comienza la construcción del ferrocarril. Se funda un club más liberal, el «Casino Nuevo».
3. «Las Catalanas»
4. «Tertulia de Doña Corazón»: reuniones sociales en Oleza (Doña Corazón está ahora casi inválida).

PARTE IV: «Clausura y Siglo»
Conventos y mundo seglar de Oleza.
1. «Conflictos»: María Fulgencia entra en el convento, encuentra la forma de traer una reliquia milagrosa desde Francia para el Obispo (a través de su primo, Mauricio).
2. «Miércoles y jueves»
3. «Viernes Santo»: sermón de Semana Santa. Paulina se encuentra con Máximo, a quien no ha visto en dieciocho años.
4. «Mauricio»: Mauricio trae la reliquia sagrada a las monjas de La Visitación (cronología indefinida).

PARTE V: «Corpus Christi»
1. «La víspera»: sucesos antes de la ceremonia de fin de curso en el colegio de Jesús. (Corpus coincide con el final del año escolar); Pablo tiene casi dieciséis años.
2. «Monseñor Salom y su familiar»
3. «Monseñor, su cortejo y despedidas»: sucesos en la ceremonia de fin de año.
4. «Pablo, Elvira, Don Alvaro»: Pablo en casa inmediatamente después de la finalizació del curso.
5. «Final de Corpus»: el señor Hugo y Don Roger son despedidos de sus puestos en el colegio, probablemente al final del año escolar.

PARTE VI: «Pablo y la Monja»
1. «Tribulaciones»: María Fulgencia altera
la vida del convento con sus alucinaciones.
Deja el convento el 10 de agosto (la única
referencia cronológica en todo el capítulo).
2. «*Jesús* y el hombre rico»: verano. Pablo
lo pasa con sus padres en Oleza. Se insinúa
que Don Alvaro concedería el *Olivar* para
ser utilizado por el colegio de los Jesuítas.
3. «Estampas y graja»: se anuncia la boda
de María Fulgencia y Don Amancio. Pablo
pasa el tiempo acompañando a su padre al
«Círculo». Es octubre.
4. «La Monja»: Pablo es enviado a la Academia de Don Amancio. Se encuentra con
María Fulgencia (octubre o un poco después).
5. «Ella y él»: idilio entre María Fulgencia y Pablo, que comienza con un beso en el
huerto de Don Amancio.

PARTE VII: «La Felicidad»
1. «Un último día»: los amantes son descubiertos un domingo de noviembre.
2. «La salvación y la felicidad»: Paulina
va al palacio del Obispo a solicitar consejo
del prelàdo, pero lo encuentra agonizante.
Una tarde de noviembre, Don Alvaro, Paulina y Pablo parten al *Olivar*, mientras tañen las campanas por la muerte del Obispo.
3. «María Fulgencia y Pablo»: carta de
María Fulgencia a Paulina. María Fulgencia
menciona que las campanas del Sábado
Santo están doblando.
4. «F.O.C.E.»: el progreso llega a Oleza con
el tren. Don Magín contempla el movimiento de la estación mientras filosofa. De pronto ve a su amiga Purita que toma el tren: se
va de Oleza. Esto ocurre siete meses después de la muerte del Obispo, como declara
Don Cruz. Es la última referencia cronológica de la novela.

APENDICE F

Ejemplos adicionales de ironía aplicada a los estratos
sociales: el ingenio de Miró va desde un cura, a un doctor, un militar, un calígrafo, o un Jesuíta. La ironía pro-
fundiza en la frivolidad e ignorancia de los militares:
«Y el húsar habló al principio, con el ardor, cifra y pompa de sus títulos. Si aludía a los afanes y preeminencias
de la diplomacia, decía: "Nosotros"; si a la Embajada,
"en casa".» (*OL*, p. 988) Cuando el Obispo menciona que
el Nuncio Papal de Austria era un gran numismático y
paleógrafo, los comentarios de Mauricio reflejan una escondida burla ante la ignorancia de los términos que
demuestra el militar: «Nuestro embajador también es
muy listo. Todo un *gentleman*. ¡Sabe francés, portugués
y no sé qué más!» (*OL*, p. 988)
La medicina y la psiquiatría son también ridiculizadas en la presentación del personaje Monera, el homeópata. Se nos informa que ha curado a un teólogo loco
del seminario; la burla se mantiene por la naturaleza de
la locura y por los métodos curativos:

> Un día, Monera sanó a un loco. Enloqueció un semina-
> rista del grado de teólogos, y dió en la manía de que ca-
> yendo en la tierra la lumbre del sol se quedaba el cielo
> a oscuras. Consideraba el caso de suma magnanimidad de
> Dios, y el consentirlo nosotros, de empedernida indiferen-
> cia. El teólogo veía la desgracia del firmamento y el des-
> gaste del astro. Había sido dotado de ojos de águila. Podía
> mirar de hito al sol. «Tengo los ojos de un águila y soy

de la provincia de Gerona.» Vestido de negro, con alzacuello de reborde sudado, pasaba los días en su patio de-
volviendo a los cielos con un espejo la imagen de la redonda hoguera solar. Pero como eran sus ojos los que
antes recibían la lumbrarada, principiaron a manarle como
si se le hubieran podrido. Ni profesores, ni enfermeros, ni
médicos viejos le remediaban. Llegó Monera, le limpió con
colirios, le quebró el espejo, y además le dijo que no era
ni águila ni de la provincia de Gerona, pues si lo fuese no
pertenecería al seminario de Oleza. El loco, sin el espejo
en sus manos y con la lógica de Monera a cuestas, sumer-
gióse en su cama, donde murió reposadamente..... (OL,
p. 989)

La extrema ansiedad femenina por concebir es acentuada a través de la estúpida hipersensibilidad de la mujer de Monera, doblemente efectiva, pues se trata de un
embarazo falso. Los Monera son invitados a la tertulia
de *Las Catalanas;* la mujer del homeópata descubre a
siete niñas a quienes las solteronas dan cobijo en el
huerto. Y puesto que se cree encinta, desarrolla una
atracción especial por una de estas niñas, una huérfana,
a la que colma de afecto. La Monera hurga entre sus
ropas y su cuerpo: «La señora, desconsolándose, la des-
abrochaba, le abría el delantal, escudriñándole el filo
de la espaldita, el pecho, el vientre, tan frágiles, y le
buscó en los oídos y en el pelo sin parar de gemir.» (OL,
página 991) La untuosa escena termina repentinamente
con un contraste colosal: «Le he visto dos liendres. ¡Hija
de mi alma!» (OL, p. 992) Mientras la niña asustada
comienza a llorar, el narrador hace un comentario sobre
la injusticia social a través del punto de vista de *La Monera:* «¡Oh, lloraba esa nena con un brío que no parecía
huérfana!» (OL, p. 992) Más tarde, la amplitud de la
circunferencia de la mujer del homeópata, irónicamente
aparece como apócrifa, y es declarada el epítome de la
castidad: «Pero una tarde suspiró la señora Monera:
"Dios mío, yo no estaba encinta!" Lo dijo con una sofo-
cación tan dulce que semejaba entonces estarlo. Se ado-
lecieron las Catalanas contemplándola. La Monera ya tenía un bondadoso descuido en su talle, un amplio regazo.
Pudo estar encinta y no lo estaba. No cabía más hones-
tidad".» (OL, p. 1027)
Las prácticas masoquistas de la Iglesia Católica se citan irónica y humorísticamente en la caracterización de

166

Monseñor Salom; Monseñor aparece como un mártir, supuestamente mutilado por los paganos:

> Se le vió en seguida la señal de su martirio: una mano mutilada bárbaramente. Le quedaban dos dedos: el pulgar y el índice; los otros se los cercenaría el hacha, el cepo, el brasero, las púas, los cordeles, el refinado ingenio de los suplicios en que tanto se complacen los pueblos idólatras. También le miraban los zapatones, que se pisaban y levantaban en gordos pliegues las haldas, mostrándose sus suelas, moldes de tantas leguas de santidad. (*OL*, pp. 997-998)

Se explota la credulidad y simpleza femeninas: «Los invitados, singularmente las mujeres de más elegancia y belleza, eran tan dichosos, que se sobresaltaban de serlo, y no sabiendo qué hacer ni qué pensar, daban gracias a Dios. ¡Nunca olvidarían este Corpus!.... Hasta tenían un mártir para su adoración: un Obispo mutilado, venido de Oriente.» (*OL*, p. 998) Seguidamente la efigie del martirio es derribada por un duro golpe: Monseñor se ha automartirizado. La verdad es que después de que Monseñor fue ordenado hizo la promesa de llevar constantemente una imagen de bronce de la Virgen en su mano derecha: oficiando, comiendo, en el sermón, durmiendo, continuamente, hasta el punto de perder tres dedos de la mano debido a infecciones. Las reacciones de la gente ante esta imagen desacreditada de un mártir son reveladas irónicamente como de una ingenuidad que bordea en estupidez: «Se conmovió la multitud. Algunas mujeres exquisitas llegaron a creer suya la penitencia del santo, y se amaron más a sí mismas. Era un estado de inocencia, de ardor, de beatitud, de voluptuosidad.» (*OL*, p. 998) El proceso irónico ha seguido la técnica mironiana de inflar una causa y bruscamente desinflar su efecto. La burbuja del martirio se ha deshecho repentinamente, dejando al descubierto los restos de un fetichismo rural.

Todo tipo de ritual se presenta burlonamente como un producto de la sociedad que nuestro autor ironiza. Por ejemplo, la ceremonia de fin de curso en el colegio Jesuíta recibe un tratamiento de burla irónica, y los latinismos empleados en dicha ceremonia son manipulados irónica y humorísticamente:

Los alumnos miraban ya indómitos a sus familias: ... salía un temblor de cuerda de violín, una nota de armónium; ... todo alrededor del eje de la palabra latina del secretario, tronco de elocuencia en que florecían los títulos y leyendas de laurel: *Quod in studiis optime profecerit; honoris causa; Dominus...;* y brotaban los nombres también en latín de los laureados: *Vicencius, Josephus, Emmanuel, Ludovicus...* Y dentro de esta onomástica de príncipes, de pontífices, de santos, se sentían glorificadas muchas familias, y paladeaban las mieles de la crianza en «Jesús».

Pietate, Modestia, Diligencia...: Dominus, Victorinus Messeguer et Corbellá; un interno robusto y sordo al que tuvieron que avisar a codazos. (*OL,* pp. 999-1000)

En algunas ocasiones el ingenio de Miró trabaja simultáneamente sobre varios personajes, produciendo con esta técnica una visión irónica múltiple. Parece ser así en el episodio en el que ridiculiza la falta de conocimientos académicos de Monseñor Salom, y la erudición unilateral de los profesores de *Jesús,* como vemos en el siguiente diálogo:

El catedrático de Matemáticas le hablaba bellamente de Euclides.

—¡Ah, monseñor! ¡He tenido la gloria de sentir en mis manos la edición princeps!

—¿Princeps? ¡Muy bien, muy bien!

—La de Ratdolt. En casa está la romana con los *Elementos,* la *Specularia* y *Perspectiva.* Se nos han perdido los *Fenómenos.*

—¡Es una lástima! Los libros... Claro es que nosotros, allá en Oriente, ¿verdad? —y volvíase a su doméstico y apretaba la imagen de Nuestra Señora.

El padre Neira dijo:

—También tenemos, monseñor, las *Vulgares* la de José Zaragoza, mil seiscientos setenta y tres, y la inglesa de Robert Sinson, en cuarto, mil setecientos cincuenta y seis...

Y añadió el padre Martí:

—No hemos podido encontrar las *Optimas,* traducción de Pedro Ambrosio Ondériz, con gráficos, de mil quinientos ochenta y cinco. Pero poseemos, en manuscrito, el *Tratado de algunas dificultades de las definiciones de Euclides,* de Omar Ibu Ibrahin El Khayyam.

—¡Qué memoria tienen ustedes! Claro es que nosotros allí, tan escondidos... Las costumbres de nuestros diocesanos... ¡Oriente, Oriente!

El matemático exclamó:

—Oriente, monseñor, Oriente nos traza una profunda

proyección en nuestra disciplina. Damasco fue también un camino de luz científica para nosotros....

—¡Es muy meritorio!

—Y una completa traducción...

—¿Y cómo se llama?

—¡Otomán, monseñor!

—¿Otomán? —y se lo repitió a su lego—: ¿Otomán, Otomán?

—Se le cree del siglo décimo —apuntó el padre Neira.

Y el padre Martí, remedando los desafíos académicos de sus alumnos, se le precipitó:

—¡Corrige, corrige! Del siglo once.

—¡Ah Santísimo Dios, del siglo diez y aunque fuese del once! —suspiraba Monseñor Salom. (*OL*, pp. 1003-1004)

Don Magín, con su afición a la floricultura, constituye un ejemplo irónico y humorístico para un estudio psicológico. Ha sido llamado al convento de la *Visitación* para ayudar a resolver los problemas causados por María Fulgencia. Algunos nardos en el salón excitan su agudo sentido del olfato, e invita a la Madre Superiora a un cambio de opiniones sobre el origen de los nardos. Ella menciona que fue lamentable que María Magdalena rompiese el jarro que contenía el perfume utilizado para ungir los pies de Jesús. Este comentario estimula a Don Magín, que se precipita en un discurso pseudocientífico de horticultura:

Aquel unguento se hacía del nardo indio y siriano; así lo llama Dioscórides, según se criara la planta en la vertiente del monte que se inclina a la India o en la que se vuelve a la Siria. ¿Piensa usted que ya no hubo más especies de nardos? Pues sí, señora; pero la legítima era el *nardum montanum, nardum sincerum*. El aceite más fino y fragante lo hacían en Tarsis, aprovechando las espigas, las hojas y las raíces. Usted hablaba de la flor. Engañosa apariencia. De las raíces, de las raíces salía el mejor unguento, y dice Plinio que alcanzaba el precio de las perlas: cuatrocientos denarios la libra de perfume; y ese tan rico fue el que mercó aquella hermosa mujer; porque sin duda era hermosa la que sabía tanto de olores. Guardábase en pomos o redomas de alabastro, que es la sustancia que no deja que transpiren y se pierdan los aromas, y tenían un gollete sellado. ¡Dígame cómo había de verter el unguento sino quebrando el tarro! De modo que no lo rompió por antojo de hembra delirante ni pródiga. Ese nardo de su huerto será una degeneración del índico. (*OL*, p. 1015)

A continuación, Don Magín decide irse olvidando completamente el propósito inicial de su visita al convento. Irónicamente, un comentario del abstraído Don Jeromillo le recuerda su obligación. (*OL*, p. 1016.)

La ironía y el melodrama quedan diestramente unidos en la caricatura de otra figura eclesiástica, el Padre Ferrando, jesuíta confesor de *Su Ilustrísima*. Cuando el Obispo rehusa verle, sus reacciones nos muestran una representación caricaturesca de la aflicción. La incapacidad temporal de razonar, resultado psicológico de la emoción, es cómicamente enfatizada cuando el afligido confesor es sostenido frente a un terebinto y él, sin querer, lee la lápida tres veces:

> Bajaba llorando. Le llovían las lágrimas por sus carrillos de labradora, empañándole las gafas. Se estrujaba el manteo y lo soltaba para cogerse al barandal. Su hipo de sollozos resonó en la cupulilla de la escalera. Y a su lado, el hermano agobiaba los hombros como si recibiese la cruz de los agravios para llevarla íntegra a «Jesús». Pero en la claustra quiso que, antes de salir, redujese el padre su congoja: lo apartó, lo arrimó al balaustre de un arco, frente al terebinto que trajo de Palestina una piadosa familia romera. Y el padre Ferrando, sin querer, leyó tres veces la lápida: «¡Tendí mis ramas como el terebinto, y mis ramas lo son de honor y gracia!» Y se precipitó más su lloro. El viejo confesor hacía como esas criaturas que aflojan su berrinche y de súbito aprietan y se encorajinan más. Lo tomó el hermano entre sus brazos enjutos de constitución. Así desfalleció más el afligido. (*OL*, p. 1024)

La minuciosidad del autor se percibe en el hecho de no descuidar ningún detalle que merezca la pena de ser ironizado.

María Fulgencia, personificación de contrastes psicológicos, es un maravilloso pilar en la producción irónica o humorística, por medio del contraste. Esto constituye uno de los recursos favoritos de Miró. Cuando María Fulgencia es presentada a Don Amancio, su futuro marido, Don Cruz le dice: «He de advertirle, hija mía, que este caballero tiene bufete de jurista y academia de estudiantes de Facultad, escribe libros muy doctos, y en su periódico, *El Clamor de la Verdad*, encubre su nombre con el precioso seudónimo de *Carolus Alba-Longa*...» Su respuesta es: «Sí; pero que se quite, que se rape todas esas barbas de cuero.» (*OL*, p. 1026) La declaración irónica subyacente sobre Don Amancio, expresada en un lenguaje académico, es subrayada por el vulgar comentario contrastante de María Fulgencia.

La burla del autor se enfoca algunas veces sobre el lector, como cuando explica las torturas sufridas por los mártires, el *cyfonismo* y el *escafismo*, que documenta con datos imaginarios. Estas palabras no aparecen en ningún diccionario. El cyfonismo es definido de la siguiente manera por Miró:

> Se toma al mártir y se le encaja entre dos artesas o esquifes. ¿Sabes lo que son esquifes? ¿Y artesas?... Pues dos artesas bien clavadas, pero dejándoles huecos para sacar las piernas y los brazos, como una tortuga al revés. Arriba hay una trampilla que se abre encima de la boca, y por allí se le embute leche y miel, y se le deja al sol. Más leche y miel y al sol; más leche y miel y al sol. Se le paran las moscas, las avispas. Y leche, y miel, y sol. El mártir se corrompe. Pero dura mucho tiempo. Siente que le bulle la carne, deshecha en una crema. Dicen que el cyfonismo está tomado del escafismo de los persas, que son muy ingeniosos. (*OL*, p. 1030)

Los tormentos inventados por los hugonotes también deben verse con escepticismo, ya que tampoco existe información sobre este tipo de martirio: «Aquí tienes los tormentos inventados por los hugonotes. Tampoco están mal. Tienden al católico, lo abren, le ladean con cuidado las entrañas para hacer sitio, se lo llenan de avena o de cebada y ofrecen este pesebre a sus jumentos.» (*OL*, página 1030)

Los últimos toques de ironía en *El obispo leproso* se centran en María Fulgencia, que ha demostrado ser una carga para el deán de Oleza. Cuando finalmente se casa con Don Amancio, su tutor respira aliviado: «¡En fin, ya está María Fulgencia encaminada! Ahora sí que acertamos; y se acabó. ¡Ni más ni menos!» (*OL*, p. 1035) Maliciosamente, el autor titula el siguiente capítulo: «Ella y él», pero no se refiere a María Fulgencia y a Don Amancio, como cabría esperar, sino a María Fulgencia y Pablo, como si Miró asertase, «¡Ni más ni menos!»

La sátira social aparece normalmente en breves ob-

171

servaciones irónicas: referente a la sed de poder del hombre, «murió el atildado rector de Nuestro Padre, y la husma del precioso cargo removió los apetitos de la diócesis.» (*NP*, p. 792) Sobre las formas superficiales y frívolas de la Iglesia: «¿No nos dice la Historia Eclesiástica que la Santa Sede tuvo que decidir la consulta de si las mujeres de los príncipes búlgaros podían traer interiormente calzón?» (*NP*, pp. 803-804) Sobre las costumbres sociales como el vestirse de «domingo» en algunas ocasiones, es un ejemplo la audiencia obispal: «y, al postrarse y levantarse las Juntas, trascendían los viejos aromas de los pañolitos de encajes y malla, de las mantillas y joyas, todo penetrado de la intimidad del estuche, como si fueran abriéndose las cómodas, los escriños y armarios de las rancias casas de Oleza» (*NP*, página 810) Sobre la veneración que siente la clase media por la aristocracia, cuando Don Daniel piensa que Don Alvaro debe haber utilizado «pañales augustos.» (*NP*, página 815) Sobre los estudiados manierismos: «Ni se acordó [el *deán*] de poner la frente entre sus manos para cavilar, sino que alzaba los puños y los miraba desde su sillón sin conocerlos.» (*OL*, p. 935). Otro ejemplo nos lo brinda el distintivo amaneramiento del oficial diplomático: «La prenda más clara de su distinción tal vez la ofreciese doblando el codo. Se lo notó el jefe de la Zona que, aunque de grado superior, estaba encogido, apoyándose en una pierna rígida y dejando la otra doblada, blanda, madura de rodilleras.» (*OL*, p. 984)

La observación irónica del autor sobre el cruel e hipócrita celo cristiano es resaltado en el pasaje en que Don Alvaro desea que Cara-rajada no hubiese sido perdonado por los soldados enemigos: «Si al que le rajó la mejilla se le hubiese ocurrido remover la lanza después de clavársela, le habría ido mondando por dentro la frente los ojos, la nariz, el paladar.... No es que apeteciera esa muerte. Se lo vedaban sus rígidos sentimientos de cristiano.» (*NP*, p. 872) Sobre la vanidad y el materialismo, cuando don Trinitario resucita y desea volver a casa andando con su vestimenta de entierro: «Le malhumoraba ir con la cabeza desnuda, de frac y condecoraciones —las sobredoradas, las económicas— y sin guantes, sin joyas, sin dinero, sin reloj: bolsillos de difunto, ¡qué concepto de ruindad, de miseria inspiraba un cadáver católico!» (*OL*, p. 930) Sobre la mojigatería de los clérigos: «¡Ah, y con frecuencia aflige el espectáculo de frailes que fuman y se sientan subiéndose el sayal, cruzando las piernas ingle contra ingle!» (*OL*, p. 922) Sobre la falsa erudición, según el lema del calígrafo: «las cosas y las personas no tenían remedio; era «según eran». (*OL*, página 931) Sobre la falsa bondad, como la exhibida por Don Eusebio cuando visita a María Fulgencia: «él y su esposa tuvieron la ternura de visitar a la sobrina huérfana.» (*OL*, p. 934) Sobre la hipocresía y el fanatismo religioso: «Las dos hermanas se horrorizaban lo mismo del pecado de la sensualidad que nunca habían cometido, y casi tanto temían el de la calumnia, prefiriendo que fuesen verdaderas las culpas que se contaban en su presencia.» (*OL*, p. 950) Sobre la desigualdad social: «el donado de Santa Lucía quedóse muy complacido de la evangélica igualdad que en el seno de Palacio había para los clarísimos varones y para los pobretes.» (*OL*, p. 987) Sobre las convenciones y clichés sociales, como las despedidas: «Y el padre rector, el padre prefecto, el padre ministro quedaban en seguida rodeados, haciendo los mismos ademanes, las mismas exclamaciones, el mismo sorbo de risa, retirándose con los mismos melindres que antes, porque se emocionaban otra vez; y así iban pasando de despedida en despedida.» (*OL*, página 1003)

BIBLIOGRAFIA

A. LIBROS

Allott, Miriam, *Novelists on the Novel*, New York: Columbia University Press, 1959.

Anderson Imbert, Enrique, *Crítica interna*. Madrid: Taurus, 1960.

Aristotle's Ethics. Ed. and trans. John Warrington. New York: Dutton, 1963.

Aristotle, *Rhetoric and Poetics*. Trans. W. Rhys Roberts and Ingram Bywater. New York: Randon House, 1954.

Azorín, *Obras completas*. I. Madrid: Aguilar, 1959.

Baeza, Ricardo, *Comprensión de Dostoiewsky y otros ensayos*. Barcelona: Editorial Juventud, S. A., 1935.

Bally, Charles, *et al. El impresionismo en el lenguaje.* 2.ª ed. Buenos Aires: University of Buenos Aires, 1942.

Baquero Goyanes, Mariano, *Perspectivismo y contraste*. Madrid: Editorial Gredos, 1963.

———, *Proceso de la novela actual*. Madrid: Ediciones Rialp, S. A., 1963.

———, *Prosistas españoles contemporáneos*. Madrid: Ediciones Rialp., S. A., 1956.

Becker, A. W., *El Hombre y su circunstancia en la obra de Gabriel Miró*. Madrid: Revista de Occidente, 1958.

Booth, Wayne C., *The Rhetoric of Fiction*. Chicago: The University of Chicago Press, 1961.

Bosch, Rafael, *La novela española del siglo XX*. New York: Las Americas Publishing Company, 1970.

Brill, A. A., *Basic Principles of Psychoanalysis*. New York: Doubleday and Co., 1959.

Casalduero, Joaquín, *Estudios de literatura española*. Madrid: Editorial Gredos, 1962.

Daiches, David, *The Novel and the Modern World*. Chicago: The University of Chicago Press, 1960.

Díaz-Plaja, Guillermo, *Modernismo frente a noventa y ocho*. Madrid: Espasa Calpe, S. A., 1966.

Forster, E. M., *Aspects of the Novel*. New York: Harcourt, Brace & World, Inc., 1927.

Frye, Northrop, *Anatomy of Criticism*. New York: Atheneum, 1969.

Gómez de la Serna, R., *Nuevos retratos contemporáneos*. Buenos Aires: Sudamericana, 1945.

Guardiola Ortiz, José, *Biografía íntima de Gabriel Miró*. Primera edición. Alicante: Imprenta Guardiola, 1935.

Guillén, Jorge, *Language and Poetry*. (The Charles Eliot Norton Lectures 1957-58.) Cambridge, Massachusetts: Harvard University Press, 1961.

Gullón, Ricardo, *La invención del noventa y ocho y otros ensayos*. Madrid: Gredos, 1969.

Hauser, Arnold, *The Social History of Art*. Vol. IV. New York: Vintage Books, 1951.

James Henry, *The Future of the Novel*. New York: Vintage Books, 1956.

Jeschke, Hans, *La generación de 1898*. Madrid: Editora Nacional, 1954.

King, E. L., *Notas e Introducción a «El Humo Dormido»*. New York: Dell Publishing Co., 1967.

Laguna Díaz, Elpidio, *El tratamiento del tiempo subjetivo en la obra de Gabriel Miró*. Madrid: Editorial de Espiritualidad, 1969.

Lubbock, Percy, *The Craft of Fiction*. New York: Murray Printing Co., 1966.

Lukács, Georg, *Realism in Our Time*. New York: Harper & Row, 1964.

Mendilow, A. A., *Time and the Novel*. Deventer, Holland: Ysel Press, 1952.

Meregalli, Franco, *«Parole Nel Tempo»: Studi su scrittori spagnoli del Novecento*. Milano: U. Mursia & C., 1969.

Miró, Gabriel, *Glosas de Sigüenza*. Argentina: Espasa-Calpe, 1952.

Miró, Gabriel, *Obras completas*. Cuarta edición. Madrid: Biblioteca Nueva, 1961.

Nora, Eugenio G. de, *La novela española contemporánea*. Segunda edición. Madrid: Editorial Gredos, 1963.

Ortega y Gasset, José, *Obras completas*. Tomo III. Quinta edición. Madrid: Revista de Occidente, 1962.

Peña, Carlos Héctor de la, *La novela moderna*. México: Editorial Jus, 1944.

Praag-Chantraine, Jacqueline van, *Gabriel Miró ou le Visage du Levant, Terre d'Espagne*. París, Nizet, 1959.

Ramos, Vicente, *El mundo de Gabriel Miró*. Madrid: Editorial Gredos, 1964.

————, *Vida y obra de Gabriel Miró*. Madrid: El Grifón de Plata, 1955.

Río, Angel del, *Historia de la literatura española*. Tomo II. New York: Holt, Rinehart and Winston, 1948.

Salinas, P., *Literatura española. Siglo XX*. México: Robredo, 1949.

Sánchez Gimeno, C., *Gabriel Miró y su obra*. Valencia: Castalia, 1960.

Torre, Guillermo de: *Historia de las literaturas de vanguardia*. Madrid: Ediciones Guadarrama, 1965.

Torrente Ballester, G., «*Gabriel Miró*», *Panorama de la literatura española contemporánea*. Madrid: Guadarrama, 1956.

Valbuena Prat, Angel, *Historia de la literatura española*. Tomo III. Sexta edición. Barcelona: Editorial Gustavo Gili, S. A., 1960.

Vidal, R. L., *Gabriel Miró: Le style, les moyens d'Expression*. Fasc. XXXIII. Bordeaux: Bibliotheque de l'Ecole des Hautes Etudes Hispaniques, 1964.

Zahareas, Anthony N., Rodolfo Cardona, and Sumner Greenfield, *Ramón del Valle-Inclán: An Appraisal of His Life and Works*. New York: Las Americas Publishing Co., 1968.

B. Artículos y publicaciones

Alfaro, María, «Gabriel Miró en mi recuerdo», *Insula,* número 12 (diciembre 1946), p. 1.

Ambía, Isabel de, «Junto a Gabriel Miró», *Cuadernos de literatura contemporánea,* núms. 5-6 (Madrid, 1942), páginas 226-228.

Báez, Moreno, «El impresionismo de *Nuestro Padre San Daniel», Studia Philologica: Homenaje a Dámaso Alonso.* Tomo II (Madrid, 1961), pp. 493-508.

Carpintero, Heliodoro, «Perfil humano de Gabriel Miró», *Insula,* núms. 138-139 (mayo-junio 1958), p. 24.

Corrales Egea, José, «Situación actual de la novela española», *Insula,* núm. 282 (mayo 1970), pp. 21-24.

Diego, Gerardo, «Gabriel Miró», *Cuadernos de literatura contemporánea,* núms. 5-6 (Madrid, 1942), pp. 200-208.

Guerrero, Juan, «Unas cartas de Gabriel Miró. 1912-1929», *Cuadernos de literatura contemporánea,* núms. 5-6 (Madrid, 1942), pp. 219-225.

Kaul, Guillermo, «El estilo de Gabriel Miró», *Cuadernos de literatura,* núms. 10, 11, 12 (julio-diciembre 1948), páginas 97-138.

King, E. L., «Gabriel Miró Introduced to the French», *Hispanic Review* (octubre 4, 1961), pp. 325-332.

——, «Gabriel Miró y "el mundo según es"», *Papeles de Son Armadams* (mayo 1961), pp. 121-142.

Lizón, Adolfo, «Léxico y estilo en Gabriel Miró», *Cuadernos de literatura contemporánea,* núms. 5-6 (Madrid, 1942), pp. 229-44.

McCarthy, Mary, «Hanging by a Thread», *The New York Review of Books,* XIII, núm. 2 (julio 31, 1961), 4-6.

Miró, Clemencia, «Biografía de Gabriel Miró», *Cuadernos de literatura contemporánea,* núms. 5-6 (Madrid, 1942), pp. 197-199.

Onís, Federico, «Narrative Presentation in Fortunata y Jacinta», *Revista Hispánica Moderna,* año XXXIV (enero-abril, 1968), núms. 1-2. Homenaje a Federico Onís (vol. I), 288-301.

Steinberg, Erwin R., «… the steady monologue of the interior; the pardonable confusion», *James Joyce Quarterly,* VI, núm. 3 (Spring, 1969), 186-200.

Videla, Gloria, «Captación artística del mundo en "Nuestro Padre San Daniel" y "El obispo leproso"», *Cuadernos de Filología*, núm. 2 (1968), pp. 91-111.

Woodward, L. J., «Les images et leur fonction dans "Nuestro Padre San Daniel"», *Bulletin Hispanique*, LVI, núms. 1-2 (1954), pp. 111-112.

C. Material inédito

Parker, A. A., «El arte de Gabriel Miró». (Manuscrito inédito de una conferencia.)

Schwartz, H. D., «Gabriel Miró». Tesis doctoral inédita, University of Michigan, 1954.

D. Publicaciones especiales

«El lugar hallado». Homenaje de Polop de la Marina al autor de *Años y Leguas*, 1952. (Artículos enumerados según orden en la revista.)

Miró, Clemencia, «La casita de Sigüenza».

Azorín, «Síntesis».

Alonso, Dámaso, «Gabriel Miró en mi recuerdo».

Esplá, Oscar, «Gabriel Miró».

Aunós, Eduardo, «Sigüenza y los forasteros».

Buero Vallejo, Antonio, «Naranjas y lepra».

Guerrero Ruiz, Juan, «Gabriel Miró en Polop».

Pérez, José Juan, «La voz a flor de la prosa».

Cervera Tomás, José, «Nómada».

Gullón, Ricardo, «Oleza y sus gentes».

Ramos, Carmela, «Habla un gran amigo de Gabriel Miró».

Rico de Estasen, José, «Horizontes: recordando su muerte».

Alborz, F., «Ortega y Gasset y la perfección».

Lafuente Vidal, José, «Miró y Polop con su castillo».

García Seguí, Rafael, «Poeta de sí mismo».

Rovigó de, Emilio, «Desde tierras argelinas».

Signes Molines, Miguel, «El escritor. El hombre».

Irles, Eduardo, «Figuras de la pasión del Señor».

Sánchez-Castañer, Francisco, «Algo sobre la estilística de Gabriel Miró».

Orts Román, Juan, «El turismo y la perdiz».

Del Pozo, C., «Un aspecto de la obra de Miró».

Guarner, Luis: «Miró entre el humo dormido de mis recuerdos».

Rodríguez Albert, Rafael, «Por los pasos de Sigüenza».

Ramos, Vicente, «Leyendo "Del vivir"».

Armengot, Francisco, «Agua de Pueblo».

Alberola Rodríguez, Ginés, «Evocación».

Alfonso, José, «Lo que se dijo de Gabriel Miró».

Llorca Zaragoza, Vicente, «Miró y "La Marina"».

Fuster, Miguel, «Sombras que acompañan».

Fuster, Joaquín, «Años y Leguas».

Marañón, Gregorio, «Gabriel Miró».

Miró, Gabriel, *Obras completas*. Edición conmemorativa, 12 vols. Barcelona: Amigos de Gabriel Miró, 1932-1949.

Este libro se terminó de imprimir el día
20 de agosto de 1975, en los talleres de
Tordesillas, Organización Gráfica,
Sierra Monchique, 25, Madrid-18